明治の〈青年〉

立志・修養・煩悶

和崎光太郎［著］

ミネルヴァ書房

はしがき

青年とは何か――。

こう問うと、実に様々な答えが返ってくるだろう。というのも、この問いには、そもそも全く異なった（少なくとも）三つの意味合いがあるからである。

まず、理想的な青年像を追いかける「青年とは何か」。たいていこのパターンでは、最初から「青年は大志を抱くべき、国や社会の将来を建設し導いていくべき」といった青年の理想像が前提とされている。

次に、アンケートデータなどを通して青年期に該当する者たちのことを把握しようとする「青年とは何か」。青年心理学や社会学、意識調査などにおける「青年とは何か」が、これにあたる。

最後に、青年という概念が何を意味するのか、という意味での「青年とは何か」。この問いは、先の二つの問いの前提となっている青年という概念そのものを問う試みである。あらゆる概念が人間の構築物である以上、青年概念を問うにあたっては、青年概念の誕生と変容の過程を検討し、明らかにすることがまず必要になる。

本書で論じるのは、大枠ではこの最後の「青年とは何か」である。

ゆえに、本書を読んでも理想的な青年像は見つからないし、青年期を生きる者たちの実態を知ることもできない。ただし、我々はなぜ理想的な青年像を追い求めたがるのか、なぜ一〇代半ばから二〇代にかけての者たちを「青年」とひとくくりにしてその実態を知りたがるのかについては、答えの手がかりをつかむことができるだろう。

青年のことを「何を考えているのかわからない」「理解できない」と嘆く前に、その青年を見ている自らの眼がいかなるものであるのかを、その生成過程に立ち返って今一度じっくり考えていこうというのが、本書のスタンスである。

明治の〈青年〉——立志・修養・煩悶

目次

序章　〈青年〉を問うということ

——第一高等学校生・藤村操の投身自殺に寄せて——

「要するに彼れの苦悶を自由に発露せしめなかった為、即ち教育や社会の拘束圧制の為めに内の苦悶を強め、而して外からは此の決定解釈を翻へさせるだけに有力なる慰藉が来なかったからである事だけ明白であれば十分である」

（姉崎正治「現時青年の苦悶について」『太陽』（第九巻第九号、明治三六年八月一日、八七頁）

1　青年と若者

（1）青年から若者へ

青年は、いつの時代にもいた、ありふれた存在だと思われている。しかし今日では、青年の現状を嘆いたり、「青年とはかくあるべき」と理想的な青年像を打ち立てたりといった青年論は、すっかり影を潜めてしまった。

代わって台頭してきたのは、若者論である。古市憲寿の調査によれば、青年に代わり若者が論じられ始めたのは、一九六〇年代後半の若者論ブームからで、それ以降、若者論は一九九〇年代に一度凋落を見た以外は流行を保ってきたとされる[1]。

試みに、国立国会図書館に所蔵されている書籍のうち、タイトルに「青年」を含む書籍、「若者」を含む書籍それぞれを、一九六〇年代前半最後の年である一九六四年から一〇年ごとに検索し、刊行点数を比較してみよう（二〇一五年九月六日検索、本文が日本語の書籍のみ）。一九六四年では青年三三点、若者一点と、古市の言うように一九六〇年代前半の「若者」はまだ一般的に馴染みのない言葉だったようである[2]。ところが一〇年後の一九七四年には、青年三一点、若者一一点となっており、

「若者」という言葉は市民権を得てきていたようである。一九八四年は、青年三七点、若者八点、一九九四年は、青年三四点、若者一三点と、八〇年代・九〇年代にはさしたる変化がない。しかし二〇〇四年には青年四五点、若者四六点となり、「若者」が増加し「青年」に並ぶ。さらに一〇年後の二〇一四年には、青年三五点に対して若者八五点と、「若者」が急増して「青年」の約二・四倍になる。この結果から、一九六四年からの五〇年間で「青年」をタイトルに含む書籍の刊行点数はさほど変わっていないが、「若者」をタイトルに含む書籍の刊行点数は一九六四年から一九七四年の間で増加、一九九四年から二〇一四年の間で急増したと言える。(3)

(2) 青年と若者はどのように用いられてきたのか

ただし、この作業はあくまで両者の使用頻度を概観的に比較したにすぎない。次に、タイトルに含まれる「青年」と「若者」がそれぞれどのように用いられているのか見てみよう。

タイトルに「青年」を含む書籍で、一九六四年に刊行されたものは、林房雄の『青年』(4)の他に、『青年に答う』(5)、『青年らしい手紙文の書き方』(6)などであり、青年という一群が社会に存在していることを前提としたタイトルが確認できる。しかし二〇年後の一九八四年に刊行された書籍のタイトルには、「青年美術展」、「青年教師」、「農業青年」など、「青年」の形容詞的用法、または「～青年」といった複合名詞が目立ち、単独での「青年」が消える。二〇一四年刊行の書籍のタイトルでも、「青年研究者」「地域青年」「高学歴失業青年」「青年実業家」「青年海外協力隊」など形容詞的用法か複合名詞がほとんどで、それ以外の「青年」の用法は、歴史書[7]を除くと皆無と言ってもよい。

一方、二〇一四年刊行でタイトルに「若者」を含む書籍では、『逃げる中高年、欲望のない若者たち』[8]のように、そのほとんどのタイトルで形容詞的用法でも複合名詞でもなく単独で「若者」が用いられている。二〇一一年に刊行されベストセラーとなった『絶望の国の幸福な若者たち』[9]のタイトルが、仮に『絶望の国の幸福な青年たち』だったとすると、多くの人は「青年」という言葉に、古めかしく硬い感じを抱くであろう。この前年には『「若者はかわいそう」論のウソ——データで暴く「雇用不安」の正体』[10]という本も刊行されており、「かわいそう」なのはやはり「青年」ではなく、「若者」である。

そもそも、形容詞的用法の場合や、前に「地域」や「高学歴失業」をつけて複合名詞にした場合だと、「青年」を「若者」に置き換えることができない。上記に挙げたタイトルの「青年」を「若者」に置き換えてみると、「農業若者」、「若者研究者」、「若者実業家」などとなり、違和感を覚える（ただし形容詞的用法は「若手」になら置き換え可能）。この違和感の存在が、一九八〇年代以降もかろうじて「青年」が用いられ続けている理由ではなかろうか。以上のことから、単独で用いられる青年概念は、遅くとも一九八〇年代半ばには書籍のタイトルには見られなくなるほどに減少しており、さらに一九九〇年代後半からは若者がさかんに論じられ始めたと言えるだろう。

付言しておけば、ここに言う「若者」の意味するところは、近世から昭和初期にかけての「若者」とは違う。前者は単に若い人という意味だが、後者は成人になり大人の世界に入ったばかりの者を指していた。[11]そもそも現代は、成人式という形式的（＝実質的な生活様式の変容を伴わない）儀式はあるものの、いつ大人の世界に入ったのかが当の本人にもよくわからない社会になっている。つまり、現代の「若者」には「なんとなくまだ大人ではない」という意味も含まれており、これは明らかな新語であると同時に、子どもと大人の中間領域を意味する青年という概念を、この意味において継承している。以下、本書で若者と言う場合は、この新語の意味に限定して用いる。

2　見過ごされてきた〈青年〉

(1) 青年が用いられなくなった理由

青年は、すでに過去の概念になってしまったのだろうか。

この問いに対しては、一九九〇年代初頭に小谷敏が興味深い指摘をしている。小谷は、「青年という言葉には、大人になりゆく途上の存在という、発達論的な意味合いがこめられていることが多い」として、その「発達論的な意味合い」が一九八〇年代に薄れたことに、青年という言葉の使用頻度が落ちたこととの原因を見出している。[12] さらにこの約一〇年後には、大村惠が以下のように同様の見解を示している。「誤りを恐れずにいえば、日本の社会が、青年の発達段階としての固有の価値を見失ってしまったのではないだろうか。それが青年という概念を使うことにためらいを感じさせ、単に年若い者として、一人前でないというニュアンスを持つ若者という呼称を選ばせているのではないか[13]」。

つまり、両者ともに、若者を発達途上の一段階と見る風潮が薄れてきたから青年という言葉（概念）が用いられなくなってきたのではないか、と推測している。ただし、大村が「誤りを恐れずにいえば」と前置きをしているように、この説に実証的な根拠があるわけではない。また、多仁照廣は、昭和五〇年代（一九七五―八四年）に地域青年団が「決定的な退潮現象を見せ」たことに青年「喪失」の背景を見出しているが[14]、都市の学生も青年と呼ばれていたことを考えれば、これは部分的な説明に過ぎないと言わざるを得ない。

そもそも、「青年」の消失が、小谷と大村の言うように発達論の退潮によって引き起こされたのであるならば、その消失は、学校の社会的役割の変化という一歩引いた広角的視点から、少なくとも近代以降の歴史的文脈でとらえなければならないだろう。というのも、言うまでもなく、近代以降の学校とは教科教育を行う場であるだけではなく、我々の発達を健全にうながす場であり、青年期を大過なく無事に過ごさせる場としての役割も期待され続けてきたからである。「青年」も「発達」も、近代特有の概念であるのに加え、[15] どちらも学校という国民の育成・選抜を担う機関との相互関係において成り立っている。

（2）誕生したことだけ論じられた〈青年〉

しかし、これまでの歴史研究を振り返ってみても、青年概念の歴史研究は未開拓と言ってもよい状況である。いつのまにか失われてしまった青年概念が、そもそもいったい何を意味し、そこに大人からのどのような眼差しが込められていたのかを、まだ我々は知ることができていないのである。

ゆえに本書では、青年概念を〈青年〉と表記し、考察のメインターゲットとしたい。それに対して、〈青年〉と呼ばれた者、または〈青年〉だと自分を認識する者のことを指す場合は、そのまま青年と表記する。ただし、「青年論」や「青年会」などの形容詞的用法での〈青年〉は、煩雑を避けるために原則として〈　〉を付けない。

話を戻そう。

確かに、〈青年〉がこれまで歴史研究の対象に全くならなかったわけではない。例えば、あたかもはるか昔から存在していたかのように思われていた〈青年〉が、実は自由民権運動末期の明治二〇年代初頭に誕生したということは、一九六〇年代後半に岡和田常忠が先駆的に論じている。[16]さらに、一九九八年に北村三子と木村直恵の著書がそれぞれ刊行されたことで、[17]この「〈青年〉の誕生」はもはや定説となった。

ただし、その後の研究では、明治二〇年代初頭に誕生した〈青年〉があたかも今日でも通用する概念であるかのように扱われてしまい、誕生以降に意味やイメージを変容させてきたことにほとんど注意を払われてこなかった。例外として挙げられるのは、管見では、明治三〇年代に〈青年〉が拡張され地方の若者を指すようになったことを、山本瀧之助の活動を事例に指摘した多仁照廣と、同様の指摘をしている田嶋一、そして若者の戦後史を論じる準備として〈青年〉がいかに揺れてきたかをレビューした片瀬一男だけである。[18]

〈青年〉に限ったことではないが、ある概念について、「昔からあった普遍的な概念ではなく、近代の産物である」と単に指摘しただけでは、その概念をなんら説明したことにはならない。ゆえに、「だから何なのだ」と問われても、「近代の産物だから、これから消えたり変わったりするだろう」といった、至極当然な返答に留まってしまう可能性が高い。

このような陥穽に落ちてしまうのは、そもそもその概念が誕生当初にいかなるものであり、その後どのような社会的背景のもとにどのように変容してきたのかを、問うていないからではなかろうか。もちろん、その変容がいかなるものであったのかを論じずに、単に「変容してきた」と指摘するだけでは意味がない。あらゆる概念が社会的構築物である以上、バックグラウンドとなる社会が変容すれば、そこに生きる概念が変容することはあたりまえだからである。

ある概念が近代の産物であることを確認した上で、それ以降どのように変容してきたのか、それと同時にどのような語りのパターンが派生したのか、その概念の有用性や便利さ[19]がどこにあったのかなどを、時々の社会的背景に基づき実証的に明らかにすることで、初めてその概念の何たるかを知り得るのである。〈青年〉をターゲットにこのような試みに挑戦するのが、本書である。

3　〈青年〉を問うことの意義

(1)〈青年〉に潜む他者認識の眼差し

では、〈青年〉を自明な概念として扱わず、歴史的な構築物ととらえ、その暗に意味するところを明らかにすることには、どのような意義があるのだろうか。

先に述べたように、〈青年〉は言葉としてはもはや単独の用法としては死語化している。しかし、〈青年〉が若者という概念にとって代わられ、過去の遺物になってしまったとしても、〈青年〉に内在する若者を見る眼差しを我々が完全に失った、ということにはならない。むしろ、〈青年〉は言葉として背後に退いただけであり、我々は若者を語る際に、かつて〈青年〉という言葉に込められていた何らかの理想像を彼らに当てはめたり、押し付けたり、そこからの逸脱で彼らを評価したりしてはいないだろうか。

その理想像が何であり、どのように都合よく利用されているのかは、それらを冷静に判断して退けた若者研究[20]によってある程度解明されてきた。しかし、そもそもその若者の理想像、例えば将来何をしたいのかしっかり悩み考えておくべき、将来に向けた自己投資をすべき、既成のものを打破し新しいものを創造すべき、だけどきちんと学校か職場に所属すべき、といった数々の「べき」を背後で支えるものがいったい何であり、それがどのようなプロセスを経て構築されてきたのかは、歴史をさかのぼらなければわからない。

データに基づく実証的な「正しい若者論」がいくら生産されても、「『若者に無理解なオヤジの暴論』も堂々と本になっていたりする」[21]現状が続いているのは、「暴論」を生み出す先入観の正体が何なのかを、歴史的に解明することができていないからだろう。ここに、〈青年〉が有していた眼差しの正体が何なのかを明らかにする動機が立ち上がる。〈青年〉を通して誰かを見る、つまり誰かを〈青年〉だと認識して把握することには、青年たちの個々の生い立ち、属性、階層などを無視し、彼らをひとくくりにして「正義感、理想主義、革新性、情熱といったイメージ[22]」で見てしまうという陥穽が潜んでいるのであり、我々はまず、〈青年〉を歴史的・社会的構築物としてとらえ、解体しなければならない。つまり、〈青年〉を分析の俎上に載せ、〈青年〉に内在している他者認識の眼差しを解明することで、現在我々が無自覚的にどのような眼差しで若者を見ているのか、明らかにし得るだろう。

（2）〈青年〉を歴史的な概念として読む

このような現代的意義に加えて、〈青年〉の史的研究は、これまでの歴史研究に再考を促す役割も果たす。

〈青年〉が明治二〇年代初頭に誕生し、その後人口に膾炙したということは、〈青年〉を説くことや〈青年〉を名乗ることには何らかの魅力があり、〈青年〉は使い勝手が良かったということを意味する。このことは、〈青年〉を論じる者だけではなく、〈青年〉を自称する者にもあてはまる。

日露戦争後の明治四〇年代になると官製青年団の設立が本格化し、満州事変後の昭和一〇（一九三五）年に青年学校令が出されてからは、青年学校が各地に設置される。これらの文脈における〈青年〉は、少なくとも明治二〇年代初頭の〈青年〉とは意味が決定的に異なるのだが（後述）、〈青年〉を官制組織や法令、学校などの名称に採用していることからすると、政府にとっても〈青年〉は魅力的だったのだろう。繰り返しになるが、問題は、その魅力がいったい何であったのか、そして〈青年〉がどのような社会的背景のもとにどのように変化したのかが、明らかにされていない点にある。

〈青年〉の魅力は、〈青年〉と呼ばれ〈青年〉を自称する者、つまり青年たちによっても支えられていた。〈青年〉らしさを語る論者がいる一方で、その理想的な像の内面化に努める者たちもいたのである。ゆえに、当時の〈青年〉がどのような理想像として語られていたのかを知ることで、青年がその像をどれだけ内面化していたのかを初めて読み取ることができる。その結果、日記や雑誌投稿文などの史料をより正確に解読でき、書き手の自己認識や目指す像、本来こうありたいという姿をより明快に把握し得るだろう。

例えば、明治四〇（一九〇七）年四月に兵庫県立第一神戸中学校に入学したが、苦学の末に煩悶、翌年三月に半途退学した古家《ふるいえ》実三は、その経緯を日記に詳細に残しており、すでにその分析も試みられている。[23] 分析した論文のタイトルが「明治末期の青年の意識」であり、同論文では煩悶がキーワードの一つになっていることから、古家を青年と把握し、当時流行していた煩悶（第六章参照）を分析視角としたことは明らかである。しかし、古家が半途退学の約二ヵ月後の日記に「不治の難病に陥入《〔ママ〕》って煩悶するは是人生の常情である。これに打ち勝つものは即ち偉人である非凡の士である。僕は果して凡人である。近頃又々煩悶を重ねて果ては藤村操氏の高潔な死が慕はしくなる」(24)と記し、さらにその約二ヵ月後に「青年が幽鬱に陥って煩悶するなんか考へて見ると実に滑稽な沙汰だ。僕もその幣〔弊〕に陥った馬鹿者の一人であるが、全く病気の為だ」(25)と記していることの解釈、すなわちこれまで煩悶していた古家が、なぜ〈青年〉が煩悶することを「滑稽の沙汰」だと考えたのか、そこでの〈青年〉＝煩悶することのない理想的な自分の姿とは、いかなるものだったのか、という分析が抜け落ちているのである。

（3）実態分析は概念分析を伴わなければならない

これはあくまで一例だが、我々はこのような視点を見落とさないためにも、実態を知るために分析される文字史料が一つひとつの概念をもとに生み出されているということに、自覚的でなければならない。少なくとも、明治二〇年代の史料に書かれた〈青年〉と、今日の歴史研究者や心理学者が用いる〈青年〉は同一の概念ではないのであり、前者を歴史的用語であることのことわりもなく

「地の文」でそのまま青年と表記することは、端的に言えば史料の誤読である。前者には、当然ながらまだ発達論的な意味は微塵もなく（そもそも「青年期」という発想がない）、また中等教育を受けていない地方の若者はほぼ念頭に置かれていない。

歴史研究者は時代特有の概念をどのように扱うべきなのかという問題は、単に引用文以外の「地の文」において時代特有の概念の使用を避けること、本書のテーマに即して言えば〈青年〉ではなく「若者」を用いることによって、解決できるものではない。時代特有の概念であるからこそ、避けずに正面からその概念の正体を問詰めていかなければ、時代を理解したことにはならないだろう。〈青年〉が誕生し、変容してきたということは、同時に〈青年〉という眼差しが誕生し、変容してきたということを意味する。当時の大人たちがその眼差しを通して青年論を生産し、彼らを指導・教育し、政府は彼らに関する政策決定を行ってきたということにほかならない。このような着眼点から〈青年〉を分析対象とすることで、〈青年〉の概念史は、単に概念の意味変容をなぞるだけの作業から、実態史のダイナミズム（力学関係）を支えた思想的基盤を解明するための必要不可欠な研究となる。

4 本書の射程

（1） 考察対象とする時期

以上のような問題意識を持ちながら、〈青年〉の誕生とその後の意味変容がいかなるものであり、そこに内在する眼差しがどのような変遷をたどったのかを明らかにすることが、本書の目的である。ただし、一冊の本で〈青年〉の誕生期から現代までを論じ尽くすことは到底できない。本書で扱う時期を、どこに設定すべきだろうか。

北村三子によれば、前近代の「青年」という言葉は、主に「年の若い」という形容詞的用法または複合名詞で用いられており、『南総里見八犬伝』では「青年」が「うらわか」「としわか」「わかうど」と読まれていた。(26) その後、明治一〇年代初頭までは、まだ「青年」が用いられること自体が少なく、用いられたとしてもそのほとんどが「青年の書生」や「青年輩」といった形容詞的用法または複合名詞であり、明治二〇年代以降のように単独で用いられることは稀だった。(27)

「青年」が広まったのは、小崎弘道が明治一三（一八八〇）年に"Young Men's Christian Association"を「基督教青年会」と訳して以降とされる。(28) 小崎自身も当時のことを自伝で、「『ヤングメン』の適当なる訳に窮し『若年』『壮年』又は『少年』などといふ語を用ひて居た」状況で、「私の草案したものである『青年』といふ語」をあてはめ「青年会」と命名することになったという。[29] 確かに、キリスト教の青年会に限らず、明治一〇年代半ばに誕生した地方の若者集団が青年会を名乗っており、[30] 明治二〇年代初頭には自由民権運動の担い手であった「壮士」に代わる新しい存在として、少年と成人との中間領域である〈青年〉が誕生したとこれまで論じられてきたこと[31]を考えると、小崎の翻訳以降に「青年」という言葉が広まり、明治二〇年代初頭に主題として論じ得るような〈青年〉が誕生したことは間違いないだろう。また、このような〈青年〉の誕生が実態よりも概念が先行して進んだことは、すでに木村による緻密な研究がある。[32]

自由民権運動の終焉以降、明治二〇年代を通して、〈青年〉は人口に膾炙した。中でも、明治二〇年代最後の年に山本瀧之助が故郷の農村で『田舎青年』を自費出版し、都市の学生と地方の若者が同じ〈青年〉たるべしと論じていることは、[33] 注目に値する。というのも、このことは、明治二〇年代末の時点で〈青年〉が地方の中流知識人層に用いられる程度には広まっていたことを意味するからである。

ただし、明治三〇年代になっても、〈青年〉の意味やイメージはゆらぎ、変容していた。

近代的学校制度が急速に整えられていった明治二〇年代から明治三〇年代にかけて、エリート予備軍（社会的に上層の男性に限られる）は中等教育の学校を介した立身出世ルートを歩むようになり、「若い大人」から「学校に通うべき者」へと変化していった。それと軌を一にして、彼らのあるべき自己形成を説く「修養」や、彼らに特有の心理を見出してそれを科学的に説明しようとする「青年期」、彼らに特有の心の病である「煩悶」など、青年を説明するための新しい概念が登場し、これらの概念によってあるべき姿としての〈青年〉が論じられるようになった。論じられる際の概念が変わったということは、論じる対象への眼差しが変わったということを意味する。つまり、〈青年〉は誕生時にすでに完成されていたのではなく、誕生後の明治二〇年代から三〇年代を通して、エリート予備軍が成立途上の中等・高等教育の学校に通うようになるのと並行して、その意味を変容させていったのである。

（2）考察対象とする〈青年〉

このような中等・高等教育の学校が成立していく過程において、最も大きな特徴は、一部の例外を除いて男女が徹底して別学とされたことにある。

女子中等教育学校である高等女学校は男子より約一〇年遅れで成立したが[35]、高等女学校での教育内容は男子校である旧制中学校（以下、中学校）に比して低度に抑えられ、中学校が五年修学を原則とするのに対し四年修学を原則とした。しかも、中学校が帝国大学への入学を前提とした旧制高等学校（以下、高等学校）への接続を念頭に設置されたのに対して、女子にはその進学ルートが閉ざされ、高等女学校は家庭を通した国家への間接的貢献を合理化する良妻賢母思想に基づいた教育を行う場であった[36]。つまり、戦前の中等教育が完全な男女別学制だというのは、その教育内容に加え、男子には帝国大学を頂点とした学校階梯が用意されたのに対し、女子には一部の例外を除くと中等教育止まりの制度しか用意されなかったということも含むのである[37]。

確かに、明治三四（一九〇一）年以降には、女子高等師範学校に加えて女子専門学校など女子のための高等教育機関もわずかながら誕生する。しかし、高等教育機関に進学することは女子にとっては男子以上に極めて少数派の経験であり、かつ進学先が女子高等師範学校である場合などを除くと、女子は男子の受験のような熾烈な競争に身を投げ打つことがなかった。つまり、近代日本における中等・高等教育に関することを検討するとき、男女それぞれを分けて考えることが必要である。また、当然ながら、男子でも初等教育を終えた後にエリート用の進学ルートを歩むことができたのは、一部の階層だけであった。

以上のことから、本書では論じる対象を男子の〈青年〉に限り、明治二〇年代・三〇年代に〈青年〉を論じた論説や記事などを分析することで、そこで〈青年〉がどのように成立、変容していったのかを明らかにする。

なお、明治期における〈青年〉といえば、青年会・青年団が想起されるだろう。ただし、この青年会・青年団の結成が地方改良を謳った国策と関連しながら進展するのは、明治四〇年代のことである。例えば、後に青年団運動の旗手となる山本瀧之助は前述したように明治二九（一八九六）年に『田舎青年』を自費出版しているが、出版当時は同書への反響は皆無に等しく、明治三〇年代前半にはまだ、瀧之助は自身の地元で青年会を結成することすらままならなかった。瀧之助が地方青年組織者の代表格として扱われ始めるのは、日露戦争終結が目前に迫る明治三八（一九〇五）年を待たねばならなかったのである[38]。そこでの〈青年〉は当然ながら本書で対象となる〈青年〉とは異なった意味合いを持つ。ただしその実証的な検討には別に相当な準備が必要となるので、本書ではあえて考察対象としない。

5　明治二〇年代・三〇年代という時代

（1）ピラミッド型学校階梯の確立

では、〈青年〉を論じるにあたっての明治二〇年代・三〇年代とは、いかなる時代なのか。

まず挙げねばならないのが、明治一九（一八八六）年の諸学校令を起点として、帝国大学を頂点としたピラミッド型の学校階梯が構成されていったことである。この学校階梯において最も新しかったのは、後に「進学」と呼ばれるような学校間接続のあり方を前提としていたことだろう。[39]つまり、学校階梯の頂点である帝国大学への入学に必要な学力を高等中学校（後の高等学校）で習得し、高等中学校で必要な学力を尋常中学校（後の中学校）で習得し、尋常中学校で必要な学力を高等小学校で修得することが目指されたのである。

ただし、各学校間の接続は、制度としても実態としても、多くの問題をかかえていた。制度としての揺らぎは、すでに中野実が論じているように、少なくとも明治三二（一八九九）年までは続いていたと考えられる。[40]また、諸学校令が制定されてから五年ほどの間は、尋常中学校→高等中学校→帝国大学というルートが実態を伴っていたのは第一高等中学校が設置された東京だけだった。他の地方都市の高等中学校では尋常中学校卒業レベルの学力水準を持った入学者を獲得できず、[41]かたや高等中学校のわずかな卒業生の学力水準が帝国大学入学レベルからかけ離れているという状態だったのである。[42]つまり、文部省が描いたエリート進学ルートは「絵に描いた餅」に過ぎなかった。

しかし、日清戦争後の明治三〇（一八九七）年頃になると、この進学ルートは少なくとも高等学校（高等中学校が明治二七年に改称）が設置された地方都市、さらに府県立尋常中学校が設置されたその周辺都市でリアリティを帯びはじめ、高等学校への入学志望者が激増する。高等学校の入試合格倍率は明治三二（一八九九）年の二・〇倍（小数点第二桁を四捨五入した倍率、以下同）[43]から、二年後には高等学校が二校増えたにもかかわらず三・〇倍[44]と、急激に上昇している。しかも、特定の学校で合格倍率が上昇しているのではなく、明治三二（一八九九）年段階で設置されていた全国六高等学校すべてにおいて上昇している。[45]明治三〇年代後半の各高等学校では、もはやいかにして学力水準の高い入学希望者を確保するかではなく、真の成績優秀者をどのようにして見つけ出すかという入学者の選抜方法が問題となっている。[46]

このような高等学校入試倍率の上昇を支えたのは、尋常中学校の劇的な変化だった。すなわち、明治二四（一八九一）年の中学校令改正以降に尋常中学校数及び同生徒数が急激に増加し、さらに地方の尋常中学校在学者が進学に有利な東京の私立学校（予備校）へと転出する半途退学が大幅に減少した。[47]その結果、進学ルートが「絵に描いた餅」ではなくなるのだが、それは単にアーティキュレーション（学校間接続）が機能するようになったということを意味するのではなく、中学校での教育のあり方をも強く規定することになる。明治三〇（一八九七）年頃から尋常中学校（明治三二年に中学校と改称）では競争と淘汰のシステムが駆動し、生徒管理が身体レベルだけでなく精神など内面のあり方にまで徹底されるようになったのである。[48]

このように、明治二〇年代・三〇年代に立身出世の階段が「上級学校への進学」というルートに整備・統一されていき、中学校に進学しそのルートに乗ることのできた者たちは、上級学校への進学や中流以上の社会の構成員になるための準備段階を、中学校や高等学校の生徒という当時としては非常に目新しく、かつ独特な立場で過ごすようになったのである。

(2) 国民意識の形成

この時期には学校制度以外にも、〈青年〉を論じる上で重要な変化があった。国民意識〈自らが国民であるという意識〉の形成が、急速に進展したことである。

明治二二(一八八九)年の大日本帝国憲法の制定、翌年の帝国議会開設に象徴されるように、明治二〇年代前半には明治国家の体制が整いつつあった。さらに、明治二七(一八九四)年には初の本格的な対外戦争である日清戦争が始まり、数々の軍歌が作成され、戦場の様子と戦後のいわゆる三国干渉は新聞・雑誌を通して伝えられた。この日清戦争という経験は、国民意識を急速に定着・強化させたのである。[49]

ゆえに一〇年後の日露戦争では、すでに国民として戦争に関心を寄せることはあたりまえのこととなっており、それは青年にとっても例外ではなかった。むしろあたりまえのことになったからこそ、青年が戦争に無関心であることが問題だと認識されるようにもなった。(50) つまり、明治二〇年代から三〇年代にかけて、国民としての自覚を持つことは〈青年〉たるもの当然のことだと思われるようになったのである。

（3）内なる近代化の進展

国民意識が形成されていく背景には、中央の言説を地方に届ける情報回路である雑誌メディアの急速な整備があった。日本における商業誌の嚆矢である『国民之友』の創刊が明治二〇（一八八七）年であり、明治二八（一八九五）年には博文館から『太陽』、明治三一（一八九八）年には同じく博文館から『中学世界』が創刊される。

このような情報回路の整備＝メディアの飛躍的発展が与えた影響は、国民意識の形成にとどまらない。品性・人格・修養といった当時としては目新しい近代特有の概念が流通し、このような概念を用い得る青年たちが雑誌や学校で示された理想的な〈青年〉へと自らを近づけるよう、これらの概念を駆使して自己形成に励むようになる。品性・人格・修養などが、同じく近代概念として登場したばかりの自己・自我を理解し改造するための鍵概念になることで、青年たちは近世のような身分と属性に応じた道徳に基づく成長ではなく、まず自らを個人として認識し、その個人がどのようにあるべきなのかを選択・決定することが可能となった。言うなれば、青年における近代的自己形成、すなわち近代概念に基づいた内なる世界の構築が始まったのである。

このことは、近代国民国家としての統治制度やインフラの整備、軍人訓練・学校教育・工場労働などを通しての身体的規律化の徹底や[51]、その結果として近代的社会秩序が形成されるという意味での近代化[52]とは別の、「内なる近代化」とでも言うべき現象である。この「内なる近代化」とは、ある者が自らを個人として認識し、品性・人格・修養・自我などの近代概念を駆使して自己の感情や思考への配慮・解釈・操作を試みるようになることを意味するのであり、近代的身体を形成する規律訓練や近代的社会秩序の形成と同時進行か、やや後を追って進展した。成沢光は、近代的社会秩序の形成期を明治初期から明治三〇年代までとし[53]、一方でその理由を述べていないが、明治三〇年代は一部の日本人が西洋由来の近代概念を獲得して「内なる近代化」を進展させた時期であることを考えれば、この時期区分は妥当だと言えるだろう。ただし、「内なる近代化」が身体の規律化や近代的社会秩序の形成とは異なり、少なくとも中学校までは進学し得るだけの恵まれた環境にいた者にのみ訪れた現象であったことには留意したい。

6　先行研究を架橋し越境する

明治二〇年代・三〇年代における〈青年〉の成立と展開をたどるには、様々なアプローチが考えられる。ゆえに先行研究から学ぶにあたっても、多種多様な文献がその対象となり得る。本節では、まずこの時期の〈青年〉を論じた研究、次いで〈青年〉を論じてはいないが関連する研究を検討することで、本書で取り組むべき課題をより明確化・具体化しておきたい。

（1）〈青年〉を論じた研究

先にも少し触れたが、既往の歴史研究においては、頻繁に史料において〈青年〉を読み、時には論じる際に〈青年〉を用いているにもかかわらず、その〈青年〉が意味するところについては驚くほど無関心だった。

例えば、明治三五（一九〇二）年の第一高等学校生・藤村操の投身自殺をきっかけに、その後しばらくのあいだ世間をにぎわせた「煩悶青年」は、煩悶していたとされるのはほとんどが学生・生徒であったにもかかわらず、「煩悶学生」でも「煩悶生徒」でもなく、あくまで「煩悶青年」と語られ続けた。では、煩悶の主体はなぜ〈青年〉として語られ、その帰結として何が待っていたのだろうか。従来は、このような視点から歴史が論じられておらず、〈青年〉を語る者にとっての〈青年〉の有用性と便利さ、及びその語られる過程で〈青年〉がどのように変容してきたのかが、明らかにされてこなかった。

かつて佐藤秀夫は、教育史学会第三五回大会シンポジウム「教育史における子ども――教育史研究の意義と方法を問い直す視点から」(一九九一年)における田嶋一への質問の中で、これまで教育史研究者は子ども「観」については多くを語りながら、子どもの服装、頭髪、食事とそのマナーなど子どもの「事実」についての「実証的研究」をしてこなかったと指摘している[54]。子どもではなく若者についての研究の現状は、この正反対ではなかろうか。つまり、まず制度史が先行し、次いで若者の実態がどうであったのかという「事実」史が進展を見せつつあるものの、当時の教育者や学者、ジャーナリストなどが語る〈青年〉がどのような存在だったのか、そこにはどのような眼差しが潜んでいたのかが、解明されてこなかったのである。

ただし、前述したように〈青年〉についての研究が皆無だったわけではない。

その嚆矢は、岡和田常忠の博士論文「明治期における青年論の政治的意味[55]」である。岡和田は同論文第二章第二節及び第三章第二節において、明治二〇(一八八七)年代初頭に少年と成人との中間領域として〈青年〉が誕生したことを指摘し、その〈青年〉は政治的に表舞台へと出ることが許されない「待機」すべき存在だったと論じている。(57)岡和田のねらいは青年論や世代論の論者における政治的意図を炙り出すことにあり、〈青年〉が青年論とともに誕生し、しかもその青年論が明治維新を経験したかどうかという世代区分での世代論の特性をも同時に有していたという指摘は示唆に富む。本書では、この岡和田の立論を踏まえた上で、帝国大学を頂点とした進学ルートの整備が、青年へのまなざしや彼ら自身の〈青年〉としての自己認識にどのような影響を与えたのかといった視点から、〈青年〉の誕生と意味変容を論じていかねばならない。

岡和田と同じく政治的実践の主体としての〈青年〉に着目した木村直恵は、実践というキーワードをもとに明治二〇（一八八七）年前後の青年に向けられた言説、次いで彼らの動向を論じることで、〈青年〉がいかにして誕生したのかを明らかにした。(58)木村の研究が持つ最大の意義は、岡和田が〈青年〉の第一義的特徴として挙げた「待機」を、自ら〈青年〉らしさを取り込み主体的構築を進める実践＝「準備」と捉え直し、さらに既往の研究では本格的に扱われることのなかった明治二〇年代初頭における青年の同人誌的な雑誌を論じることで、(59)その実践がいかなるものであったのかを具体的に明らかにしたことにある。さらに、その実践の帰結を〈青年〉の絶えざる自己への配慮と非政治化とし、〈青年〉的実践が「明治二〇年代の中頃にかけて緩やかに退潮していくことになる[60]」と結論付ける。

問題は、〈青年〉的実践が退潮したのなら〈青年〉をめぐる言説も失われていったのかというと、事実はそうならず、〈青年〉は以後も論じられ続け、青年も健在だったことにある。しかし、木村に限らず先行研究では、このことの説明がなされていない。ゆえに本書では、木村の研究を踏まえた上で、〈青年〉的実践が非政治化された後にいかなる実践が〈青年〉的とされたのかを問うていくことが求められる。この問い直しにあたっては、自由民権運動の退潮という時代背景だけでなく、同時期に東京でピラミッド型学校階梯が急速に整備されていたということを念頭に置いておかねばならないだろう。

岡和田と木村が〈青年〉を政治的実践の主体として着目したのに対して、北村三子は系譜学的に幕末から大正期にかけての言説を分析していくことで、〈青年〉を論じた。

北村によれば、近代の産物である〈青年〉においては、表象を媒介とする自己認識が肥大化するとともに、表象を媒介としない豊かな共感性を伴なった他者とのつながりが失われていった[61]。北村の研究が持つ意義は、自己実現（当時は自我実現と呼ばれた）概念の機能や青年心理学の中で語られた〈青年〉にまで考察対象を広げることで、政治的実践の主体としての〈青年〉を論じることでは見えてこない〈青年〉の精神構造を論じたことにある。つまり、本書で言うところの「内なる近代化」と〈青年〉との関係性をマクロな視点から描き出したのは、管見では北村だけである。

ただし、北村が分析対象としたのは主に文学作品と心理学者の言説であり、その時々の教育論や学校制度など、青年をとりまく社会的環境の中で議論が進められていない。本書ではこの課題を克服することで、北村の言う「表象システムを媒介させた知[62]」が具体的にどのような概念として社会的に流通し、それらが〈青年〉の意味変容にどのような影響を与えたのかを明らかにしなければならない。

岡和田・木村・北村とは異なり、心性史という手法で〈青年〉を問うたのが、田嶋一である。田嶋は、一九七〇年代に日本に移入された青年心理学における〈青年〉、すなわちエリクソンが説くアイデンティティやモラトリアムが青年期特有のものであるということを前提にして、その〈青年〉がいつ・どのように歴史上に登場してきたのかを解明しようと試みている[63]。田嶋のこのような手法は斬新であり、これまで研究対象とならなかった〈青年〉としての心のありようを探ったという点で、本書に大きな示唆を与えてくれる。

しかし、〈青年〉が普遍的ではないのと同様、心理学説も普遍的ではないのであり、ある学説を所与の前提として〈青年〉の出現を歴史的にさかのぼって探していくという手法には限界があるだろう。本書の立場では、異なった時期にそれぞれ誕生した〈青年〉と「青年期」をまずは切り離して考え、それぞれの構築過程を明らかにし、その上で「青年期」の成立が〈青年〉に与えた影響を考察する必要がある。

このように田嶋と本書とでは立ち位置が異なるのだが、前述したように本研究を進めていく上で田嶋の研究成果から学ぶところは大きい。特に注目すべきは、田嶋が近代日本の若者を三つの層に分けていることである。(64) すなわち、第一層はエリートとなるべく学校階梯を歩んでいる者たち。明治二〇年代・三〇年代にはこの層が主に〈青年〉と呼ばれていた。第二層は、第一層になりたいという志向を持つが、なれていない者たち。第一層は主に都市部、第二層は主に農村部の若者である。第三層は、農村部における旧来の共同体に身を置き、第一層への移行を望んでもいない者たち。そして田嶋は、主に第二層を考察のターゲットにしている。本書のターゲットを田嶋の「層」に位置づけるならば、第一層になるので、田嶋と本書とでは、この意味においても立ち位置が異なっている。

(2) 青年のエートス研究

次に、〈青年〉を論じているわけではないが、立身出世、成功、修養など明治後期における青年のエートスを問うた研究を検討しよう。これらの研究は、主に教育社会学の分野で進められてきた。

E・H・キンモンスは、明治初期から昭和戦前期までを対象に、若者における立身出世意識が労働市場など社会的条件の変化の中でどのように変遷してきたかを論じている[65]。キンモンスの最大の功績は、立身出世欲とそのフラストレーションに着目することで、制度史や政治史の研究では見えてこない若者を主役とした社会史を、初めて通史として論じたことにある。しかしそこには、上級学校に進学することこそが立身出世の道となった明治三〇年代以降の若者たちのエートスを、それ以前の立身出世の道にまだ様々なルートがありえた時代のエートスと同じように立身出世欲とそのフラストレーションで説明することの限界も、表出している。

例えば、明治三〇年代後半における「煩悶青年」登場の原因を、キンモンスは明治三〇年代後半から高等学校の入試倍率が急増して立身出世が狭き門となったことに見出す[66]。しかし、藤村操をモデルケースとする「煩悶青年」は、すでにその狭き門を突破した高等学校在学者であり、このようなエリート予備軍の煩悶と、日露戦争前後に雑誌『成功』[67]などで吐露される世俗的な煩悶とを同列で論じることはできない。「煩悶青年」を立身出世意識から論じるならば、その前提としてまずは「煩悶青年」がどのような階層からどのように誕生したのか、エリート予備軍の煩悶と世俗的な煩悶はどのような経緯を経て同じ「煩悶」という表現で語られるに至ったのかを慎重に検討することが要求される。そうすることによって、明治三〇年代後半における〈青年〉の変容過程が見えてくるだろう。

キンモンスが近代日本における立身出世意識を研究対象としたのに対して、竹内洋は立身出世主義の系譜を論じる中で、成功への加熱と冷却、武士的エートスから教養主義への変化など、様々な着眼点から若者のエートスを分析している[68]。竹内は的確な史料分析の上に論を展開しており、成功や修養といった時代ごとの鍵概念がどのように機能したのかについて、説得力のある結論を導き出している。ただし、竹内が論じているのはあくまでこれらの概念の機能についてであり、これらの概念の実践主体として語られた〈青年〉がそもそも歴史的な構築物であるという視点から何かを論じているわけではない。同様のことが、「修養主義」を成功または教養主義との関連から分析・類型化した筒井清忠の研究[69]にも言える。つまり、〈青年〉を取り巻く個々の概念の分析がなされてきたものの、それらが〈青年〉の概念史というより大きな文脈の中に位置づけられてはこなかったのである。

以上のことから、本書で取り組むべき課題は次のように整理される。

まず、明治二〇年代前半における青年をとりまく環境の変化、特に進学ルートの形成に注意しながら、〈青年〉の誕生とその後を考察すること。誕生期の〈青年〉は、あくまで自由民権運動末期という時代の産物であるので、その〈青年〉がどのように時代的制約のない概念になったのかを、

「〈青年〉の誕生」を再考した上で区別し、「〈青年〉の成立」として論じていきたい。

次いで、明治二〇年代後半以降における〈青年〉の意味変容について、文学作品や心理学者の言説のみならず、青年向けの著書や青年向け雑誌、さらには一般雑誌や教育雑誌など広く史料にあたり、〈青年〉がどのように意味変容を遂げたのかを考察すること。そしてこの考察を進めるにあたっては、修養、「青年期」、煩悶など〈青年〉をとりまく諸概念との関係に意を用いながら進めることが、重要になる。

7　本書の内容

すでに先行研究で繰返し論じられているように、明治二〇年代初頭における〈青年〉の誕生とは、〈青年〉の発見ではなく〈青年〉の発明だった。「大人でも子どもでもない存在」が先にあり、彼らを説明するために〈青年〉が生み出されたのではない。自由民権運動末期という時代背景をもとに、徳富蘇峰が明治維新に次ぐ第二の「改革」を呼びかけ、将来の改革実行者として〈青年〉を立ち上げたのである。[70] つまり、〈青年〉論者によって〈青年〉なるフレームワークが先に構築され、次いでそのフレームワークに該当する者とそうではない者のふるい分けが恣意的になされてゆく中で、

〈青年〉に魅力を感じ〈青年〉を自称する者たちが増加していったのである。

ただし、先に述べたように、先行研究では明治二〇年代前半が教育史上の大きなターニングポイントであったこと、すなわち明治一九（一八八六）年の諸学校令以降に帝国大学を頂点とするピラミッド型の学校階梯が形成された時期であることは、考慮されていなかった。また、時代色を強くおびて誕生したはずの〈青年〉が、自由民権運動が終焉した後も説かれ続けたことの説明がなされてこなかった。

ゆえに本書ではまず、〈青年〉が立ち上げられ、メディアを通して広まる明治二〇（一八八七）年前後を対象とし、同時代のエリート予備軍をとりまく環境の変化に注目しながら、そこで〈青年〉がいかなる過程を経て誕生したのかを検討する。そのためには、〈青年〉誕生のキーパーソンである蘇峰の思想と立場に着目し、明治一〇年代後半における〈青年〉と、蘇峰が上京して明治二〇年に創刊した『国民之友』と同年刊行の『新日本之青年』で説かれた〈青年〉との、共通点と相違点を明らかにしなければならない。というのも、明治二〇年を境に蘇峰の置かれた環境が激変しており、〈青年〉を社会的構築物と捉えるならば、キーパーソンとなる論者の置かれた環境の変化は〈青年〉に何らかの意味変容をもたらすと仮定できるからである。この作業を第一章「〈青年〉の誕生——「新日本の青年」の歴史的意義」で試みたい。

その上で、〈青年〉がなぜ説かれ続けたのか、別言すれば〈青年〉がいかなる概念として成立し、自由民権運動を前提とする時代限定的な概念から脱したのか、そしてそれはなぜなのかを明らかにしなければならない。この問題に、第二章「期待すべき〈青年〉――〈青年〉と「学生」の相克」で取り組みたい。

〈青年〉が自由民権運動を背景とした時代限定的な概念ではなくなった明治二〇年代半ばには、〈青年〉らしさが説かれる一方で、〈青年〉になるための、または〈青年〉が行うべき理想的な自己形成とは何かが、まだ語られていなかった。本書では、明治期から戦後まで〈青年〉のあるべき自己形成として語られた修養に着目し、修養がいつ、どのように、いかなる概念として論じられ始め、広く説かれるようになったのかを考察することで、この問いに答えを見出したい。この課題の解明に、第三章「自発的に形成される〈青年〉――修養の成立」で取り組む。

〈青年〉になるための、そして〈青年〉であるための自己形成として修養がもはや新奇な概念ではなくなりつつあった明治三〇年代前半には、中学校数の著しい増加や雑誌メディアの隆盛など、青年たちの社会的環境が大きく変化した。ゆえに、修養の説かれ方もそこで変容していると仮定でき、かつ修養の説かれ方が変わったということは〈青年〉にも何らかの意味変容が伴っていたと仮定できる。この問題について、第四章「〈青年〉らしく過ごす時期――「修養時代」の誕生」で考察していきたい。

この明治三〇年代前半には、もう一つ、〈青年〉をめぐる大きな出来事があった。「青年期」概念が日本に紹介され、その枠組みで〈青年〉が把握され始めたのである。adolescence が〈青年〉特有の時期として「青年期」と日本語訳され、それが教育雑誌などを通して広まることで、〈青年〉が何らかの心理的特徴を有する一群として位置付けられ始めたことは、〈青年〉の意味変容を考える上で重要である。ゆえに第五章「対処すべき〈青年〉――「青年期」の成立が意味すること」では、「青年期」概念がいつ・どのようなものとして・どのように成立したのかを明らかにし、「青年期」を語る文脈で〈青年〉にどのような変化があったのかを考えていきたい。

明治三〇年代後半になると、心理学的な眼差しで青年をとらえることが、当時社会問題化していた「煩悶青年」をめぐる言説の中で広がっていく。明治三五（一九〇二）年の第一高等学校生藤村操の投身自殺によって、将来が約束されたエリート予備軍のメンタル（精神・心）が注目されるようになり、そのメンタルの複雑さ、不可解さ、もどかしさが煩悶というキーワードで語られ始める。煩悶は青年が陥るものとされ、「煩悶青年」という言葉が定着し、くり返し論じられた。ゆえに第六章「煩悶する〈青年〉――教育が青年を包囲する」では、明治三〇年代後半の「煩悶青年」をめぐる言説を検討し、その中で「煩悶青年」の概念的基盤となる〈青年〉がどのように変容したのかを考察することで、明治三〇年代後半における〈青年〉の変容過程を論じたい。

終章では、明治二〇・三〇年代における〈青年〉の成立と展開がどのように進んだのかをまとめた上で、そこから何が見えてきたのかを明らかにし、本書の結論としたい。

注

（1）古市憲寿『絶望の国の幸福な若者たち』講談社、二〇一一年、四七―五七頁。

（2）しかも「若者」でヒットした一点は、「全音流行歌謡ピース」というシリーズものの楽譜で、タイトルは『旅の若者　初恋の駅』。国会図書館では書籍扱いになっているので検索でヒットしたのだが、これを除外したら一九六四年の「若者」を含む書籍の刊行は皆無になる。

（3）参考までに、『出版指標年報　二〇一五年版』（全国出版協会出版科学研究所、二〇一五年、六頁）をもとに、各年の総刊行点数と、一九六四年の点数を一〇〇とした場合の比率を示しておく（検定教科書・直販ルートの出版物・一般市販されない官庁出版物などは含まず）。一九六四年、一万三九二八点。一九七四年、一万九九七九点（一四三％）。一九八四年、三万五八五三点（二五七％）。一九九四年、四万八八二四点（三五一％）。二〇〇四年、五万六六一三点（四〇六％）。二〇一四年、五万五一六二点（三九六％）。一九六四年に比べて二〇一四年の総刊行点数は約四倍になっているので、そのうち「青年」をタイトルに含む書籍の刊行点数の割合は、一九六四年からの五〇年間で四分の一ほど

（刊行点数の増加率に総刊行点数の増加率を除した数値）に減っているということになる。逆に、総刊行点数における「若者」をタイトルに含む書籍の刊行点数の割合は、一九九四年からの二〇年間で五.七倍（同前）に増えている。
（4）林房雄『青年』講談社、一九六四年。
（5）荻原晃『青年に答う』中央出版社、一九六四年。
（6）山田秀嶺『青年らしい手紙文の書き方』日本文芸社、一九六四年。
（7）荒井輝允『軽井沢を青年が守った――浅間山米軍演習地反対闘争一九五三』かもがわ出版、二〇一四年、岩田文昭『近代仏教と青年――近角常観とその時代』岩波書店、二〇一四年、北河賢三『戦後史のなかの生活記録運動――東北農村の青年・女性たち』岩波書店、二〇一四年、中野目徹『明治の青年とナショナリズム――政教社・日本新聞社の群像』吉川弘文館、二〇一四年。
（8）村上龍『逃げる中高年、欲望のない若者たち』幻冬舎、二〇一四年。
（9）前掲『絶望の国の幸福な若者たち』。
（10）海老原嗣生『「若者はかわいそう」論のウソ――データで暴く「雇用不安」の正体』扶桑社、二〇一〇年。
（11）後者については、田嶋一『〈少年〉と〈青年〉の近代日本――人間形成と教育の社会史』東京大学出版会、二〇一六年、八九―一一七頁を参照。
（12）小谷敏「はじめに」小谷敏編『若者論を読む』世界思想社、一九九三年。
（13）大村恵「教育学からの青年論――若者と青年との間」日本科学者会議『日本の科学者』第三七巻第九号、二〇〇二年九月、三八頁。

(14)　多仁照廣『青年の世紀』同成社、二〇〇三年、一九七―二〇四頁。
(15)　発達という概念については、田中昌人「文明開発期における発達の概念の導入について――Hepburn, L. C. と中村正直の場合」『京都大学教育学部紀要』第三四号、一九八八年三月、九三―一二六頁、前田晶子「明治初期の子育て書における発達概念の使用――近代日本における発達概念理解についての一考察」『鹿児島大学教育学部研究紀要　教育科学編』第五六号、二〇〇五年三月、二一九―二二七頁、前田晶子「近代日本の発達概念における身体論の検討」『鹿児島大学教育学部研究紀要　教育科学編』第五九号、二〇〇八年三月、二八三―二九五頁、前田晶子「『児童研究』における発達思想の形成」『鹿児島大学教育学部研究紀要　教育科学編』第六〇号、二〇〇九年三月、一七一―一七九頁を参照。
(16)　岡和田常忠「明治期における青年論の政治的意味」東京大学大学院法学政治学研究科、博士論文、一九六六年三月学位授与、六一―一四五頁、岡和田常忠「青年論と世代論――明治期におけるその政治的特質」『思想』第五一四号、一九六七年四月、三七―五七頁。
(17)　北村三子『青年と近代――青年と青年をめぐる言説の系譜学』世織書房、一九九八年、一一―七五頁、木村直恵『〈青年〉の誕生――明治日本における政治的実践の転換』新曜社、一九九八年。なお、北村の著書における上記個所は、一九九四年から翌年にかけてすでに発表された論文を、加筆修正したものである。
(18)　前掲『青年の世紀』三九―五二頁、前掲『〈少年〉と〈青年〉の近代日本――人間形成と教育の社会史』一二五―一二七、二一七―二一九頁、片瀬一男『若者の戦後史――軍国少年からロスジェネまで』ミネルヴァ書房、二〇一五年、iv―xiii頁。
(19)　例えば、住んでいる地域が異なり、社会階層が異なり、性別も異なる者たちを、単に二十歳前後だからという理由で〈青年〉とまとめて呼ぶとしよう。そうすると、住んでいる地域も社会階層も性別も異なる者たちをひとくくりにして「青年とは」と論じることができるようになる。

(20) 前掲『若者論を読む』、広田照幸編『若者文化をどうみるか？――日本社会の具体的変動の中に若者文化を定位する』アドバンテージサーバー、二〇〇八年、前掲『絶望の国の幸福な若者たち』、ロジャー・グッドマン／井本由紀／トゥーッカ・トイボネン編『若者問題の社会学――視線と射程』明石書店、二〇一三年、原著は Edited by Roger Goodman, Yuki Imoto and Tuukka Toivonen, *A SOCIOLOGY OF JAPANESE YOUTH From returnees to NEETs*, Routledge, 2011、前掲『若者の戦後史――軍国少年からロスジェネまで』など。

(21) 広田照幸・伊藤茂樹『教育問題はなぜまちがって語られるのか？――「わかったつもり」からの脱却』日本図書センター、二〇一〇年、二五八頁。

(22) 前掲「教育学からの青年論――若者と青年との間」三七頁。

(23) 和崎光太郎「明治末期の青年の意識――『古家実三日記』にみる（上）」古家実三日記研究会『古家実三日記研究』創刊号、二〇〇一年一一月、五三―八二頁、和崎光太郎「明治末期の青年の意識――『古家実三日記』にみる（下）」古家実三日記研究会『古家実三日記研究』第二号、二〇〇二年五月、五〇―七二頁。

(24) 藤原昭三・須崎愼一・和崎光太郎・山本かえ子「古家実三日記（二）――一九〇七年九月一四日〜一九〇八年七月一〇日」前掲『古家実三日記研究』第二号、四二頁、五月二八日の記述。

(25) 藤原昭三・須崎愼一・和崎光太郎・山本かえ子「古家実三日記（三）――一九〇八年七月一一日〜一九〇九年七月三一日」古家実三日記研究会『古家実三日記研究』第三号、二〇〇三年五月、六頁、八月二日の記述。
(26) 前掲『青年と近代──青年と青年をめぐる言説の系譜学』一四─三三頁。
(27) 明治初頭から明治一〇（一八七七）年頃までの「青年」という言葉については、加藤隆勝・森下由美「『青年』ということばの由来をめぐって」筑波大学心理学系『筑波大学心理学研究』第一一号、一九八九年三月、五七─六四頁、前掲『青年の世紀』二九─三〇頁を参照。ただしこれらの研究では、当時の〈青年〉のほとんどが形容詞的用法・複合名詞で用いられていたことに論が及んでいない。
(28) 前掲『青年の世紀』三〇─三一頁。
(29) 小崎弘道「七十年の回顧」『小崎弘道全集　第三巻』昭和一三年、小崎全集刊行会、四二一─四二三頁、初出は昭和二年。なお、この回顧で小崎は、あくまで young men の訳語として「青年」を用いることを発案（草案）したと述べているのに過ぎないのであり、「青年」という言葉を創案したと主張しているわけではない。
(30) 前掲『青年の世紀』三一─三六頁。
(31) 前掲「青年論と世代論──明治期におけるその政治的特質」三七─五七頁。
(32) 前掲『〈青年〉の誕生──明治日本における政治的実践の転換』一三一─二〇五頁。
(33) 山本瀧之助と『田舎青年』については、多仁照廣『山本瀧之助の生涯と社会教育実践』不二出版、二〇一一年、一七─七一頁、前掲『〈少年〉と〈青年〉の近代日本──人間形成と教育の社会史』一三七─一七二頁を参照。
(34) 自己の精神を、ある理想的な姿に近づけるために自ら変えていこうとする営みを、本書では自己形成と表記する。

(35) 水野真知子『高等女学校の研究（上）――女子教育改革史の視座から』野間教育研究所、二〇〇九年、二一九―三七〇頁。
(36) 小山静子『良妻賢母という規範』勁草書房、一九九一年、六五―九二頁。
(37) このように性別によって徹底的に差異化された教育制度のもとでの教育を、小山静子は「男女別学体制」と呼んでいる（小山静子「問題関心」小山静子編『男女別学の時代　戦前期中等教育のジェンダー比較』柏書房、二〇一五年、七―八頁）。
(38) 以上、前掲『山本瀧之助の生涯と社会教育実践』五五―六八、七五―九八頁。
(39) 寺崎昌男「日本における近代学校体系の整備と青年の進路」日本教育学会『教育学研究』第四四巻第二号、一九七七年六月、四九―五二頁。
(40) 中野実「帝国大学体制の成立とその改編の動向」寺崎昌男・編集委員会共編『近代日本における知の配分と国民統合』第一法規出版、一九九三年、一三〇―一三五頁。
(41) 筧田知義『旧制高等学校教育の成立』ミネルヴァ書房、一九七五年、一一、一五―一九頁。明治三〇（一八九七）年頃までは、第一高等学校以外の高等学校の在籍者は予科生がその大半を占めていた。
(42) 新谷恭明「明治期の中等教育に於ける二つの接続」慶應義塾福沢研究センター『近代日本研究』第三一巻、二〇一五年二月、六三―六五頁、吉野剛弘「明治後期における中等教育と高等教育とのアーティキュレーション」前掲『近代日本研究』第三一巻、一一三―一一五頁。
(43) 文部省総務局文書課『日本帝国文部省第二十七年報　自明治三十二年　至明治三十三年』明治三三年一二月、一四八頁。
(44) 文部省総務局文書課『日本帝国文部省第二十九年報　自明治三十四年　至明治三十五年』明治三六

年四月、一五〇頁。増えた二校は、明治三三（一九〇〇）年の第六高等学校、翌年の第七高等学校造士館。

(45) 第一高等学校二・二倍→四・四倍、第二高等学校一・八倍→三・四倍、第三高等学校二・三倍→二・八倍、第四高等学校二・〇倍→二・九倍、第五高等学校一・九倍→二・一倍、山口高等学校一・七倍→二・〇倍（前掲『日本帝国文部省第二十七年報　自明治三十二年　至明治三十三年』一四八頁、前掲『日本帝国文部省第二十九年報　自明治三十四年　至明治三十五年』一五〇頁）。

(46) 吉野剛弘「明治後期における旧制高等学校入試――文部省の入試政策と各学校への影響を中心に」慶應義塾大学『慶應義塾大学大学院社会学研究科紀要』第五二号、二〇〇一年九月、五一―六二頁。

(47) 当時の尋常中学校及び尋常中学校生とその進路については、米田俊彦『近代日本中学校制度の確立――法制・教育機能・支持基盤の形成』東京大学出版会、一九九二年、一〇三―一一九頁、武石典史『近代東京の私立中学校――上京と立身出世の社会史』ミネルヴァ書房、二〇一二年、七一―八五頁を参照。半途退学理由の内訳及びその変遷については、斉藤利彦『競争と管理の学校史――明治後期中学校教育の展開』東京大学出版会、一九九五年、五七―六八頁、前掲『近代東京の私立中学校――上京と立身出世の社会史』一二一―一二五頁を参照。

(48) 前掲『競争と管理の学校史――明治後期中学校教育の展開』一七一―一八二頁。

(49) 同様の指摘は多くの研究者によってなされてきたが、中でも檜山幸夫は出征兵士の果たした役割などの実証的分析から庶民レベルでの国民意識の形成過程を明らかにすることに成功しており、説得力に富む（檜山幸夫「序章」「日清戦争総論」「日清戦争と民衆」檜山幸夫編『近代日本の形成と日清戦争――戦争の社会史』雄山閣、二〇〇一年、二一―三四二頁）。他に、木下直之『戦争という見世物――

日清戦争祝捷大会潜入記』ミネルヴァ書房、二〇一三年、などを参照。
(50) 蘇峰生「青年の気風」『国民新聞』(明治三七年九月二五日)五頁。
(51) この規律化について最も包括的に論じているのは、荒川章二「規律化される身体」『岩波講座　近代日本の文化史四　感性の近代』岩波書店、二〇〇二年、一六九—二〇四頁であろう。
(52) 成沢光『現代日本の社会秩序——歴史的起源を求めて』岩波書店、一九九七年。ここに言う近代的社会秩序とは、「非理性的あるいは予測不可能な『異常』な行動、『無礼』『不躾』あるいは『野蛮』なもの、『不潔』な人々や環境」が「脅威」(同上二頁)として認識されるような秩序のことである。
(53) 前掲『現代日本の社会秩序——歴史的起源を求めて』一一一—一六七頁。なお、成沢は近代的社会秩序の起源を、西洋からの様々な制度の移入に加え、近世の武家社会における作法と規律、近世都市(特に江戸)の秩序にも求めている。
(54) 前之園幸一郎「シンポジウムの討論内容の要約」教育史学会機関誌編集委員会『日本の教育史学』第三五集、一九九二年一〇月、二三一頁。
(55) 前掲「明治期における青年論の政治的意味」。その要旨は前掲「青年論と世代論——明治期におけるその政治的特質」としてまとめられている。
(56) 本書では政治的という言葉の意味を、さしあたり、「世の中の政治を動かそうとする意図が含まれたもの」と定義しておく。
(57) 前掲「明治期における青年論の政治的意味」六二—七八、一〇四—一二三頁。
(58) 前掲『〈青年〉の誕生——明治日本における政治的実践の転換』。
(59) 同時代の青年会の成り立ちと活動については、今西一『近代日本成立期の民衆運動』柏書房、一九九一年、一八五―二一五頁や、鬼塚博「青年集団に見る地域社会の統制と民衆によるその受容の過程」歴史学研究会『歴史学研究』第六六九号、一九九五年三月、二六―三〇頁など、個別の研究が蓄積されている。

(60) 前掲『〈青年〉の誕生――明治日本における政治的実践の転換』二九八頁。

(61) 前掲『青年と近代――青年と青年をめぐる言説の系譜学』四七―二七四頁。

(62) 前掲『青年と近代――青年と青年をめぐる言説の系譜学』二七五頁。

(63) 前掲『〈少年〉と〈青年〉の近代日本――人間形成と教育の社会史』、田嶋が前提にしている〈青年〉の意味は、特に二二一―二二七頁に表れている。

(64) 前掲『〈少年〉と〈青年〉の近代日本――人間形成と教育の社会史』一二八―一三二頁。

(65) キンモス、E・H、広田照幸・加藤潤・吉田文・伊藤彰浩・高橋一郎訳『立身出世の社会史』玉川大学出版部、一九九五年。原著は Earl H. Kinmonth, *The Self-Made Man in Meiji Japanese Thought: from Samurai to Salary Man*, University of California Press, 1981.

(66) 前掲『立身出世の社会史』一八九―二二八頁。ちなみに同様の見方はすでに当時からあった。

(67) エリート候補生である中学生をターゲットとした雑誌『中学世界』とは対照的に、主なターゲットを就業者に置き、他に帝国大学を頂点とする「正系」を志向しない中学生などに主に読まれた雑誌。雑誌『成功』については、雨田英一「近代日本の青年と「成功」・学歴――雑誌『成功』の「記者と読者」欄の世界」学習院大学文学部『研究年報』第三五号、一九八九年三月、二五九―三三一頁を参照。

(68) 竹内洋『日本の近代一二 学歴貴族の栄光と挫折』中央公論新社、一九九九年、七―二三四頁、竹内洋『立身出世主義 増補版』世界思想社、二〇〇五年、一―一七四、二〇五―二三二頁。

(69) 筒井清忠「修養主義の説得戦略」社会学研究会『ソシオロジ』第三六巻二号、一九九一年一〇月、一二一―一二六頁、筒井清忠「近代日本の教養主義と修養主義――その成立過程の考察」『思想』、第八一二号、一九九二年二月、一五一―一七四頁。そもそも、修養が成功・教養との関連でどこまで説明し得るのかという疑問が残るのだが、この点については第三章で論じる。

(70) 前掲「青年論と世代論――明治期におけるその政治的特質」五〇―五五頁、前掲『青年と近代――青年と青年をめぐる言説の系譜学』三七、五〇―五一頁、前掲『〈青年〉の誕生――明治日本における政治的実践の転換』一七―五〇、一六四―一八四頁、など。

第一章　〈青年〉の誕生――「新日本の青年」の歴史的意義

本章では、〈青年〉がいかなる概念として誕生したのかを、〈青年〉論の旗手である徳富蘇峰の論説やそこで用いられた言葉、概念をもとに考察する。まず、明治一〇年代における〈青年〉の用法を確認した上で、蘇峰が初めて〈青年〉を主題として論じた明治一八（一八八五）年から上京後に『国民之友』を創刊した同二〇年までを射程とし、論じていきたい。

1　大江義塾時代の蘇峰における〈青年〉

（1）〈青年〉の創出

熊本バンド[1]の結成に参加し、同志社英学校で学んだ蘇峰は、小崎弘道が明治一三（一八八〇）年に young man を「青年」と訳してまもなく、「青年」という言葉を用い始めた。明治一五（一八八八

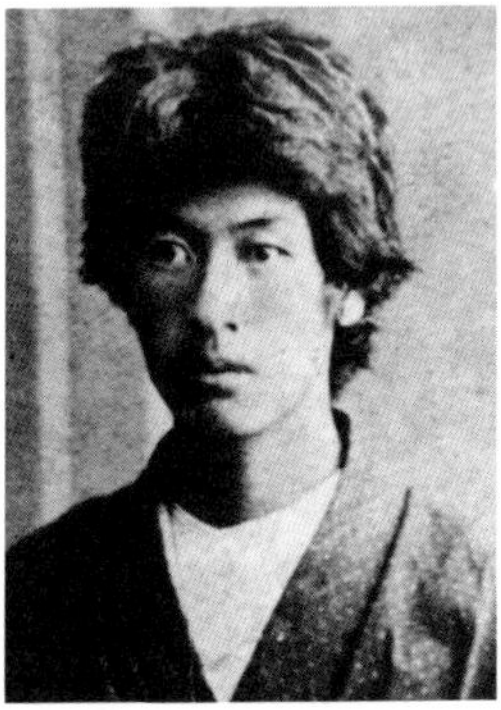

徳富蘇峰
（徳富蘇峰記念館所蔵）

二）年、数えで二〇歳の蘇峰は故郷の熊本で大江義塾[2]を開くにあたり、同年二月の「私立義塾設立伺書」において教育対象を「青年ノ子弟[3]」としている。また、大江義塾の「大飛躍の年[4]」である明治一八（一八八五）年三月に熊本県下の名望家に向けて書かれた大江義塾「塾金募集趣意書[5]」では、一一〇〇字あまりの短文で「青年」が計六回用いられており、この趣意書のキーワードの一つとなっている。

ただし、まだこの時の蘇峰は、「青年ノ子弟」「青年有志」「我輩青年書生」と、「青年」を「年の若い」という形容詞的用法または複合名詞として用いており、それ以上の特別な意味は込めていない。このような用法は、明治一〇年代半ばの作文投稿雑誌『穎才新誌』に掲載された中立青年自由党や青年自由党といった民権結社の旨意書における「青年志士[6]」「青年輩[7]」と同じである。つまり、明治一八（一八八五）年三月時点での蘇峰における「青年」は、まだ young man の訳語、もしくは単に「若い」を意味する用語であり、それ以上の特筆すべき意味は込められていなかった。

初めて蘇峰が主題として「青年」を論じたのは、同年四月に大江義塾で行われた演説をまとめ、同年六月に脱稿した「第十九世紀日本ノ青年及其教育」においてである。ここで蘇峰が説く〈青年〉は、「性質嫩柔。神経鋭尖。外物ノ刺衝ニ敏捷ナル」、「楊柳ノ長條カ風ニ従フテ揺々タルカ如ク。社会ノ風潮ニ従フテ傾向スル」[8]存在、つまり可塑的であり外界の影響を受けやすく、主体性のない存在であった。ただし蘇峰はこれに続く部分で、「彼ノ青年ナルモノハ」という語り口で、〈青年〉に将来の社会の建設者としての可能性を秘める存在[9]、新しいものを積極的に取り入れ「流行」の先端を行く存在[10]という新しい意味づけを行っている。さらに、「青年」「大人」「老人」という世代論を展開する中で新時代の建設者としての〈青年〉を立ち上げ[11]、その〈青年〉に明治維新に続く「知識世界ノ第二ノ革命」[12]の実行者という役割を与えたのである。

〈2〉世代としての〈青年〉

しかし、新時代の建設者となり得る〈青年〉とは、あくまで「大人」＝「知識世界ノ大先達タル学者先生」＝「革命ノ率先者」によって「泰西的」な「教育」を施された〈青年〉であった[13]。そもそも後に「第十九世紀日本ノ青年及其教育」と命名され活字化されたこの演説の重点は、青年よりも「其教育」、つまり青年を育成するための教育に置かれていた。すなわち、「器械的」な「一ノ規矩準縄ノ下ニ教育」を行う「官立学校」に対する、「思想ノ自由ヲ圧縛」されることなく「知徳一途ノ教育法」を採る「民間私立学校」の優位を説くことに主眼があったのである。[14]

〈青年〉とは、あくまでその教育の成果物であり、『自助論』と『西洋品行論』で説かれる「泰西的ノ道義」に従う〈青年〉、つまり実利主義を排して努力・勤勉・忍耐などの精神的価値を重んじる〈青年〉である。[15] ここで蘇峰が塾生に向けて伝えたかったことは、「諸君ハ第十九世紀文明ノ世界ニ立ツ。不羈独立ナル青年ナルヲ忘ル可ラズ」ということ、つまり「学問及教育世界」の「改革家」であることの自覚であった。[16] この時満二二歳であった蘇峰は、自らを「大人」、数歳年下の塾生たちを〈青年〉と位置づけ、それぞれの役割を明確にしつつ世代としての〈青年〉を構築したのである。蘇峰が説く〈青年〉とは、「大人」「老人」との関係で説かれる一つのまとまりを持った存在であり、教育されるべき存在、明治維新に続く「知識世界ノ第二ノ革命」の主体であることを自覚させるべき存在であった。

同様の〈青年〉は、「第十九世紀日本ノ青年及其教育」脱稿後も『大江義塾雑誌』において説かれ続けている。例えば、明治一九（一八八六）年一月の大江義塾「開校ノ祝詞」（開校は今日で言う始業にあたる）では、「現時ノ青年」は「物ニ慣レ易キモノ」で「朝ニ民権ヲ説キ、夕ニ官権ヲ唱ナへ」る有様であるが、「吾人ハ之ヲ覆シテ、今日ノ青年ハ自主独立ノ気風ヲ有スルノ青年ナリト言ハシムルニ至ラザル可カラズ」と、[17]「現時ノ青年」を改良すべき存在と位置づけている。このように、大江義塾時代の蘇峰は、〈青年〉を「知識世界第二ノ革命」の実行者として持ち上げつつも、それはあくまで「革命の率先者」たる「大人」によって教育されるべき存在、つまり改良され導かれるべき存在であった。

明治一八（一八八五）年、蘇峰は「第十九世紀日本ノ青年及其教育」を東京で三〇〇部ほど配布した際、[18]『東京経済雑誌』を刊行していた田口卯吉にその内容を絶賛されている。[19]その縁もあり翌年、蘇峰は脱稿したばかりの『将来之日本[20]』を手に上京し、同書を田口の経済雑誌社から刊行した。これは蘇峰にとって初の商業出版書であり、そこで明治政府の「武備主義」を強く非難し「生産主義」と「平民主義」を唱えたことで言論人として名を知られるようになった。[21]ただし、『将来之日本』の内容は論理的整合性が激しく欠落しており、植手通有は同書を「恐るべき蘇峰の文章力」が「論理の破綻を覆って」いたと評する。[22]また、この段階の蘇峰の言説には、後に蘇峰が図式化する「旧日本」対「新日本」、「旧日本の古老」対「新日本の青年」という二項対立の構図はまだ現れていない。[23]

2　上京後の蘇峰における〈青年〉

（1）『国民之友』創刊と新日本

蘇峰は明治一九（一八八六）年九月、在京のまま大江義塾閉塾を宣言し、翌年二月に東京で民友社を設立し雑誌『国民之友』を創刊する。(24)『国民之友』は創刊直後から発行部数を急激に伸ばした。創刊の翌年、明治二一（一八八八）年の一号あたりの平均発行部数は約一二五〇〇部で、これはライバル誌『日本人』の約二倍、『読売新聞』とほぼ同じだとされる。(25)また、『国民之友』は首都圏だけでなく地方都市でも販売されており、商業化に成功した日本で最初の総合雑誌と評される。(26)

では、上京後の蘇峰は『国民之友』を通して、〈青年〉をどのような存在として説いたのだろうか。『国民之友』創刊号の論説「嗟呼国民之友生れたり」において、蘇峰はまず「改革よ、改革よ、汝は決して安息することを得さるなり……旧日本を破壊して、新日本を建設するは、維新改革の大経綸なり、大目的なりと言はさる可からす、然らは則ち其の目的は既に成就したる乎……彼の改革なるものは、未た決して其の目的を達せさるなり」(27)と、「維新改革」はまだ達成されていないと主張する。

このような、「旧日本」を破壊し「新日本」を建設するという構図は、蘇峰においてはこれが初出であるが、蘇峰のオリジナルではない。この二ヶ月ほど前に刊行された尾崎行雄の政治小説『新日本』の序文には、「旧日本ノ石柱摧ケ幕府倒レテ新日本ノ萌芽発ス」[28]とあり、ここから発想を得たと考えられる。また、蘇峰がまだ熊本にいた明治一九（一八八六）年四月、すでに小崎弘道が『政教新論』において、同じような「旧日本」対「新日本」という枠組みで、明治維新では社会の維新がまだ達成されておらず真の維新はこれからだと論じている。小崎はこの著作の趣旨を、「我新日本を製出するに我国従来文明の基礎たる儒教主義を廃し、之に代るに基督教を以てすべし」[29]と言う。続けて、現状を「旧日本を去りて未だ新日本に至らず」[30]と把握し、「基督教を以て」する変革を「旧日本を毀ちて新日本を製造するもの」[31]と説明し、「嗚呼今日我国は漸く旧日本の港を解纜して将に新日本に向て航せんとする時なり」[32]と宣言する。これは、蘇峰が「嗟呼国民之友生れたり」を発表する約一年前のことである。蘇峰と小崎の距離を考えると、蘇峰における「旧日本」「新日本」という枠組みは、小崎のレトリックをアレンジしたものだとも考えられる。

（2）「新日本の青年」の創出と〈青年〉の変容

ただし、蘇峰の新しさは以下の点にあった。「旧日本の故老は去日の車に乗して漸く舞台を退き、新日本の青年は来日の馬に駕して漸く舞台に進まんとす[33]」と、「新日本」の建設者、「改革」の主導者として「新日本の青年」という存在を立ち上げたのである。前節で述べたように、大江義塾時代の蘇峰は、「青年」「大人」「老人」で構成される世代論の中で、〈青年〉を「大人」に導かれる存在として説いたにすぎなかった。しかし論説「嗟呼国民之友生れたり」では、「大人」を「封建の分子と泰西の分子と相化合して生産したる雑種の大人中老[34]」と改革のマイナス要因として位置づける。さらに、「旧日本の古老」を「破壊的の時代」「東洋的の現像」と結びつけ、「新日本の青年」を「建設的の時代」「泰西的の現像」と結び付けることで[35]、「明治の青年」＝「新日本の青年」を「天保の空気を呼吸したる老人[36]」と真っ向から対置し、「改革の健児」として立ち上げたのである[37]。

　蘇峰は当時の日本を「不完全の新日本[38]」、つまり「旧日本より新日本に入る一大過度《ママ》[39]」と捉え、世の中を「旧日本」を護る勢力と「新日本」を建設する勢力に二分する。その勢力を二分する要因、つまり「天保の空気を呼吸したる老人」と「明治の青年」という対立構造の本質を、蘇峰は社会的な立場ではなく、思想や信仰する宗教の違いでもなく、いつの時代の「知識世界[40]」において成長したのかに見出した。両者の本質的な違いを、「士族平民の相違」、「貧富の相違」、「都鄙の相違」、「治者と被治者の相違」ではなく、「年齢の相違」に見出したのである[41]。すでに「第十九世紀日本ノ青年及其教育」において「知識世界第二ノ革命」の実行者と位置づけていた〈青年〉に、ここで新たに「天保の空気を呼吸したる老人」に対抗する「新日本の青年」＝「改革の健児」という世代としてのまとまりを持たせ、読者に向けて発信したのである。このような〈青年〉は、同時代的に見て斬新で新奇な存在だった。例えば、前述した小崎でも、〈青年〉をただ「若い」という意味でしか用いておらず[42]、ゆえに〈青年〉は、主題にも、論の核概念にもならなかったのである。

（3）「立志の青年」

では、蘇峰はなぜこのような新しい〈青年〉を創出したのだろうか。それを直接説明する史料はないが、ここで注目したいのは、その創出の場が『国民之友』創刊号だったことである。つまり、『国民之友』が目指す「改革」の主導者は、雑誌『国民之友』とともに誕生したのである。〈青年〉とは、「すでにいる誰か」ではなく、『国民之友』の読者として『国民之友』とともに誕生した概念であり、言い換えれば『国民之友』の読者に与えられたアイデンティティだった。

『国民之友』の創刊後、蘇峰は大江義塾時代に著した「第十九世紀日本ノ青年及其教育」の出版要請を集成社から受け、新たに序章「新日本之青年」を加え、『新日本之青年』と題して刊行した[43]。ゆえに、『新日本之青年』は序章で説かれた〈青年〉と本文における〈青年〉とでは、その意味も与えられた役割も異なる。以下、その相違点を浮かび上がらせることで、上京直後に蘇峰が新たに立ち上げた〈青年〉には何が求められたのかを明らかにしよう。

「第十九世紀日本ノ青年及其教育」における〈青年〉は、前節で考察したとおり「大人」によって導かれる存在、改良すべき存在である。一方で論説「嗟呼国民之友生れたり」の発表後に書かれた序章「新日本之青年」における〈青年〉は、新時代の建設者としての意味付けが「嗟呼国民之友生れたり」における「明治の青年」よりもさらに強化されている。すなわち、「ソレ青年ハ社会運動ノ旗頭ニ立ツモノナリ。生理学者ノ断定ニ於テコソ、老人ハ老人ニシテ、青年ハ青年ナレドモ、哲学者ノ眼中ニ於テハ却テ白髪憔悴ノ稚児ヲ見、紅顔妙齢ノ老人ヲ見ル可シ(44)」と、年齢だけではなく「社会運動ノ旗頭」に立っているかどうかが〈青年〉かどうかの基準とされる。「明治ノ青年ハ天保ノ老人ヨリ導カル、モノニアラスシテ。天保ノ老人ヲ導クモノナリ(45)」と蘇峰が「明治ノ青年」と「天保ノ老人」を対峙させた時、その〈青年〉である条件には、単なる明治生まれ世代であるということにとどまらず、「改革の健児」たるべき志が求められたのである。

続けて蘇峰は、「明治ノ青年」を「蒼天ニ飛揚スルノ猛志ヲ懐抱シ。其ノ鋭眼ヲ撥キ。其ノ健翼ヲ鼓シテ。一起一払セハ。超然高挙。以テ清爽潔白ノ天地ニ移住スル敢テ難キニアラサル」という猛々しい存在として語り、「明治ノ青年何ソ飛揚セサル。飛揚セサル」と、万感の期待を込める(46)。このように、世代区分を超え、志を立てて社会に「改革」をもたらす存在という意味が前面に出た新たな〈青年〉、つまり「立志の青年」とも言うべき存在には、同時に期待という新たな眼差しが込められていたのである。

ここに言う立志は、明治一〇年代に流行していた『西国立志編』の類似本(47)で説かれているような、立志を名乗りながらもその内実は単なる立身出世への志向であるような立志ではない。「改革の健児」たるべき志とは、岡和田常忠が幕末の志士を指して「志士とは、立志および志向によってその志を立国へ投射することができた類型(48)」と述べているところの立志、すなわち立国の可能性がなければ成立し得ない立志に限りなく近いものであった。しかし、当時はすでに内閣制度が整えられるなど明治国家の基盤が固められつつあり、改革こそ可能性があっても立国はその可能性が無いに等しかった。ゆえに、幕末の志士と同様の立志は到底かなわないのであり、あるべき志を有した〈青年〉という枠組みを提唱した蘇峰には、その志の方向性を新たに示す必要もあったのである。

3 正しい〈青年〉の構築

(1) 仮想敵としての「壮士」

蘇峰は、『新日本之青年』を刊行した三ヶ月後、『国民之友』誌上で「新日本の青年及び新日本の政治」を連載し始める。この連載の狙いは、初回のサブタイトルが「青年書生は政治運動の要素なり」であるように、「政治運動」の主体として「青年書生」を創出することに絞られていた。大江義塾時代に蘇峰が説いていた改良され導かれるべき存在としての〈青年〉の姿は、もはやここでは完全に消え、主体的・能動的な「一の至大至強の階級」としての「青年書生の階級」が創出される。(49)

ここでの「政治運動」は、旧来の民権派とはまったく別の路線が目指されていた。蘇峰はこの連載の第二回において、「福島事件、高田事件、加波山事件、埼玉事件、飯田事件、静岡事件、近くは大阪の獄」などを惹起したのは「多くは青年壮士の仲間なり」と注意を促し、「明治の最近十年間、政変の歴史は、壮士の歴史なり、之を切言すれば乱暴の歴史なり、失敗の歴史なり、而して亦悲嘆の歴史と言はさる可らす、斯る始末に立ち到るも、詮し来れは其の勢力を誤用したるの一点に外ならす」と、誤った「青年書生の一隊より成り立ちたるもの」としての「壮士」なる存在を創出、批判する。(50)つまり壮士とは、「乱暴」「失敗」「悲嘆」と関連付けられた存在であり、「精神元気」の使い方を誤った、(51)〈青年〉の失敗例とも言うべき存在であった。(52)

では、蘇峰はなぜ壮士なる存在をわざわざ立ち上げたのか。蘇峰は続けて言う。

彼の書生の政論を禁するものは、一方に於ては政治の元気を銷亡せしめ、他方に於ては卑屈の人民を作為すものなりと言はさる可らす……何人の力を以てするも青年書生の勢力を、政治世界より放逐する能はさるなり、凡そ狂詭過激なる書生の勢力は、禁圧されたる重囲の中より破裂し来るものなり、蓋し圧抑の政治は、革命党の醸造場なり……青年の勢力の誤用を恐れて、之を禁圧せんとするは、偶ほ其の誤用をして愈よ咆哮せしむるに外ならす、吾人は甚だ恐る、論者か撲滅せんとする壮士の怪物は、却て其の撲滅手段中より激成し来らんことを(53)

ここでの「書生の政論を禁するもの」が明治一六（一八八三）年の新聞紙条例を指すことは間違いないだろう。具体的には、大江義塾閉鎖後に上京した同塾出身者たちのことが念頭にあったと思われる。

彼等の多くは上京後に東京専門学校に入学、蘇峰が『国民之友』を創刊すると自ら〈青年〉を名乗り、明治二〇（一八八七）年七月に東京に本局を置く青年協会を設立、翌月に雑誌『青年思海』を創刊する(54)。しかし、新聞紙条例(55)第八条で定められた政治言論を載せるための保証金五〇〇円を納めることができず、同誌を通しての活動は「不完全燃焼(56)」とならざるを得なかった。蘇峰は、先の激化事件とこのような彼らの置かれた状況に鑑み、「青年書生」の言論活動をいくら抑圧しても、いやむしろ抑圧すればするほど、彼らに唯一残された手段である直接行動に出て「破裂」＝壮士化するのではないかという危機感を抱いていたのである。つまり壮士は、民権派や「旧日本」と結び付けられた単なる過去の遺物ではなく、また〈青年〉の存在を際立たせるための戦略的概念でもなく、このままでは青年たちが壮士化し得るという蘇峰の危機感から構築された、青年の現実的な将来像の一つであった。

（2）〈青年〉のなすべきこと

前述したように、蘇峰は『国民之友』創刊号の論説において、「旧日本の古老」を「破壊的の時代」「東洋的の現像」、「新日本の青年」を「建設的の時代」「泰西的の現像」と結び付けている。ゆえに蘇峰にとって、壮士化する「青年書生」は〈青年〉ではない。〈青年〉とは、蘇峰が思い描く「新日本」建設を主体的に担う者であり、その範疇から外れると〈青年〉を名乗る資格を剥奪されるのである。

ただしその範疇は、言論活動か直接行動かといった政治的実践のあり方にとどまらない。蘇峰は、〈青年〉を「進歩の報告者」「改革の案内者」「政治運動の先登者」という将来の建設者として立ち上げながらも、その「改革」「政治運動」の内実を示さず、「裸体」「自然」「質直」「純白」「天真爛漫」に表象される汚れなき存在こそが〈青年〉であるとする。(57)「未来の政治家」たる〈青年〉に向かって、どうすれば「政治家」になれるのか、さらに自分の素質や置かれた環境は「政治家」を目指すにふさわしいのかどうかを「繰り返し繰り返し熟考せられんこと」[58]を勧める一方で、〈青年〉がどのような自己形成をなすべきか、また〈青年〉が有すべき思想、実践すべき運動がいかなるものなのかは、「泰西青年」をモデルにせよというありきたりな提案以外は示さない。

つまり、〈青年〉をこれから起こるであろう真の「維新」の政治的主導者、未来の建設を志向する者、すなわち立志こそが最たる特徴である「立志の青年」と位置づけ、期待の眼差しを向けながらも、その「立志の青年」に要求した具体的実践は内実に乏しかったのである。

4　誕生期の〈青年〉の姿

郷里の熊本で大江義塾を開いていた蘇峰は、明治一八（一八八五）年、青年を初めて主題として説いた。そこでの〈青年〉とは、将来の国家「改革」の実行者であり、大人によって導かれ、改良されるべき存在であった。しかし蘇峰は、上京し明治二〇（一八八七）年に雑誌『国民之友』を創刊すると、〈青年〉を「新日本の青年」・「明治の青年」として語り、老人・大人を導く存在として位置づけなおした。その〈青年〉は「改革の健児」であり、国家「改革」の従属的実行者から、

「新日本」建設の主導者へと転換されたのである。このことは、あくまで教育の対象であり「改革」の実行部隊だった〈青年〉が、自ら志を立て新時代への改革を主導する〈青年〉へと転換され、そこに「新日本」建設への期待の眼差しが向けられたことを意味する。

この明治二〇（一八八七）年に誕生した「立志の青年」とも言うべき新奇な存在には、繰り返し改革を志すことが説かれた。その「改革」は、旧来の民権派による一連の運動とは区別された新しい改革であり、〈青年〉のあるまじき姿として、激化事件などの直接行動に出る壮士が立ち上げられた。そこでの壮士とは、単なる過去の遺物ではない。言論活動を封じられた青年が直接行動に出ることへの危機感、つまり青年が壮士化することへの差し迫った危機感から構築された、予想され得る〈青年〉の失敗例とも言うべき存在であった。しかし蘇峰は、壮士を反面教師として〈青年〉たる者がどのような自己形成をなすべきなのか、〈青年〉が有すべき思想、将来実践すべき運動がいかなるものなのかは、「泰西青年」をモデルにせよというありきたりな提言に止まった。つまり、壮士を仮想敵とし政治的直接行動を戒める一方で、青年にはそれに替わる行動指針が提示されなかったのである。

また、本章で論じた誕生期の〈青年〉は、自由民権運動末期という時代背景をもとに存立した、極めて時代限定的な概念であった。この蘇峰に特権的かつ時代限定的な概念である〈青年〉が、いかにして、誰によっても説かれ得る時代の枠に縛られない概念となったのかは、章を改めて論じることとしたい。

注

（1）熊本洋学校の教師ジェーンズの感化を受けた者を中心として、明治九（一八七六）年一月にキリスト教信仰の盟約を交わした同校生徒たちの通称。

（2）大江義塾は、明治一五（一八八二）年九月から明治一九（一八八六）年九月まで熊本県詫麻郡大江村（現熊本市）で開かれていた民権私塾（片桐芳雄「民権的学塾の教育――大江義塾と熊本の自由民権運動」国民教育研究所・「自由民権運動と教育」研究会編『自由民権運動と教育』一九八四年、草土文化、三〇八、三三七頁）。塾生は「原則として満一四歳一ヶ月以上大学年齢にいたるまでの男子」であり、修学年限は三年間とされた（鹿野政直「一民権私塾の軌跡――大江義塾の小歴史」『思想』第五三六号、一九六九年二月、五四―五五頁）。

（3）花立三郎・杉井六郎・和田守編『同志社大江義塾　徳富蘇峰資料集』一九七八年、三一書房、三三六頁。

（4）前掲『同志社大江義塾　徳富蘇峰資料集』五四四―五四五頁。

（5）花立三郎『大江義塾――一民権私塾の教育と思想』ぺりかん社、一九八二年、五三頁。

（6）「中立青年党募集ノ旨意書」『穎才新誌』第二二三号、明治一四年九月三日、一―三頁。

（7）「青年自由党設立ノ旨意」『穎才新誌』第二三三号、明治一四年一一月一二日、二―三頁。

（8）徳富蘇峰「第十九世紀日本ノ青年及其教育」『新日本之青年』『明治文学全集　三四　徳富蘇峰集』筑摩書房、一九七四年、初出は明治一八年六月、一一三頁。「第十九世紀日本ノ青年及其教育」は、後に『新日本之青年』が刊行された際、その主たる論文として収録されている。

（9）前掲「第十九世紀日本ノ青年及其教育」一二三頁。

（10）前掲「第十九世紀日本ノ青年及其教育」一二五頁。

（11）前掲「第十九世紀日本ノ青年及其教育」一二四頁、一三五頁。

（12）前掲「第十九世紀日本ノ青年及其教育」一四七頁。

（13）前掲「第十九世紀日本ノ青年及其教育」一四七頁、一五一頁。「革命ノ率先者」の「革命」は、明治維新ではなく「知識世界ノ第二ノ革命」を指す。

（14）前掲「第十九世紀日本ノ青年及其教育」一四九―一五〇頁。大江義塾での蘇峰の教育実践では、塾生の自主（「不羈独立」）性が何よりも重んじられたとされる（前掲「一民権私塾の軌跡――大江義塾の小歴史」六二頁、前掲「民権的学塾の教育――大江義塾と熊本の自由民権運動」三二七―三三四頁、前掲『大江義塾　一民権私塾の教育と思想』八三―八八頁）。ここで蘇峰が語る「民間私立学校」の優位とは、蘇峰自身が大江義塾で目指したものであったと考えられる。

（15）前掲「第十九世紀日本ノ青年及其教育」一四九頁。

（16）前掲「第十九世紀日本ノ青年及其教育」一五一―一五四頁。

（17）「開校ノ祝詞」前掲『同志社大江義塾　徳富蘇峰資料集』五九六―五九八頁。同じく『大江義塾雑誌』に明治一九（一八八六）年六月に掲載された「政治ヲ改革セント欲セバ先ヅ人ヲ改革セザル可ラズ」（前掲『同志社大江義塾　徳富蘇峰資料集』六七三―六七四頁）でも同様のことが説かれている。
(18) 蘇峰は自伝で、「東京の友人に托し、三百部ばかり印刷して、それぞれ配布すること丶した……誰と言ふ事もなく、望みの人に渡し、若くは予の方から贈りて、批評を求めたる向きもあった歟と覚えている」（徳富猪一郎『蘇峰自伝』中央公論社、昭和一〇年、二〇五頁）と回想している。
(19) 田口卯吉「叙」徳富猪一郎『新日本之青年　再版』集成社、明治二〇年、一―二頁。なお田口の序文は明治二〇年四月刊行の初版には掲載されておらず、同年八月の再版以降の掲載。
(20) 徳富猪一郎『将来之日本』経済雑誌社、明治一九年。
(21) 前掲「叙」一―二頁。
(22) 植手通有「解題」前掲『明治文学全集　三四　徳富蘇峰集』三七九頁。
(23) 前掲『将来之日本』。「将来之日本」とは、「過去ノ日本」、「現今ノ日本」の延長線上にあるものであって、改革を経た「新日本」ではない。
(24) 大江義塾閉塾から『国民之友』創刊までの蘇峰の動向については、関連人物の書簡類を用いて詳細に検討した杉井六郎「民友社の背景とその成立」同志社大学人文科学研究所編『民友社の研究』一九七七年、雄山閣、一六―六七頁を参照されたい。なお、杉井は民友社結成を通説より一ヶ月前の明治二〇（一八八七）年一月としているが、この違いは何をもって民友社結成とみなすかに起因する。本研究では同年二月の『国民之友』創刊を民友社結成とした。
(25) 有山輝雄「言論の商業化――明治二〇年代『国民之友』」成城大学『コミュニケーション紀要』第四号、一九八六年七月、九―一一頁。
(26) 前掲「言論の商業化――明治二〇年代『国民之友』」一一―一七頁。

(27)「嗟呼国民之友生れたり」『国民之友』第一号、明治二〇年二月一五日、一三―一五頁。
(28) 尾崎行雄「自序」『新日本　初巻』集成社・博文堂、明治一九年、一頁。
(29) 小崎弘道「政教新論」『小崎弘道全集　第三巻』小崎全集刊行会、昭和一三年、初出は明治一九年四月、二九六頁。
(30) 前掲「政教新論」三〇二頁。
(31) 前掲「政教新論」二九九頁。
(32) 前掲「政教新論」三〇〇頁。
(33) 前掲「嗟呼国民之友生れたり」一三頁。
(34) 前掲「嗟呼国民之友生れたり」一八頁。
(35) 前掲「嗟呼国民之友生れたり」一二頁。
(36) 前掲「嗟呼国民之友生れたり」一八頁。
(37) 前掲「嗟呼国民之友生れたり」一二―一三頁。
(38) 前掲「嗟呼国民之友生れたり」一五頁。
(39) 前掲「嗟呼国民之友生れたり」一八頁。
(40) 前掲「嗟呼国民之友生れたり」一八―一九頁。「知識世界」とは、ある時代における知の枠組みのこと。例えば蘇峰は、儒教道徳が廃れ新しい道徳が確立していない明治一〇年代後半を指し、「知識世界は懐疑の世界なり」(同上一九頁)と述べている。
(41) 前掲「嗟呼国民之友生れたり」一八頁。
(42) 前掲「政教新論」三〇一―三〇二頁。「青年の政治家」「青年の人」という具合に、「青年の」＝

young という用法である。

（43）前掲『蘇峰自伝』二二四頁。

（44）徳富蘇峰「新日本之青年」『新日本之青年』（前掲『明治文学全集　三四　徳富蘇峰集』、初出は明治二〇年四月）一一八頁。

（45）前掲「新日本之青年」一一八頁。

（46）前掲「新日本之青年」一一九頁。

（47）竹内洋『立身出世主義　増補版』世界思想社、二〇〇五年、一一一―一一三頁。

（48）岡和田常忠「明治期における青年論の政治的意味」（東京大学大学院法学政治学研究科、博士論文、一九六六年三月学位授与）一七頁。

（49）「新日本の青年及ひ新日本の政治（第一）青年書生は政治運動の要素なり」『国民之友』第六号、明治二〇年七月一五日、一―七頁。なおこの連載のみを冊子にまとめたものが国立国会図書館に残っているが（人見一太郎編『新日本の青年及ひ新日本の政治』民友社、明治二〇年）、詳細は不明。

（50）「新日本の青年及ひ新日本の政治（第二）明治の歴史こそ其の実例なれ」『国民之友』第七号、明治二〇年八月一五日、八―九頁。なお、壮士が〈青年〉と同様に新しく創出された概念であったことは、序章で述べたようにすでに先行研究で明らかにされている。

（51）前掲「新日本の青年及ひ新日本の政治（第二）明治の歴史こそ其の実例なれ」一三頁。

（52）色川大吉が指摘するように、蘇峰の壮士批判は明治一七（一八八四）年の時点で後の自由党解体を予言するかのように書かれた徳富猪一郎『明治二十三年後ノ政治家ノ資格ヲ論ズ』（明治一七年、自費出版、前掲『明治文学全集　三四　徳富蘇峰集』所収）にまで遡ることができる（色川大吉「明治二十年代の文化」『岩波講座　日本歴史一七　近代四』岩波書店、一九六二年、二九六頁）。ただし、壮士を〈青年〉の失敗例として提示しその提示を通して「青年とは何ぞや」を論じたのは、この論説が初めてである。

（53）前掲「新日本の青年及ひ新日本の政治　（第二）明治の歴史こそ其の実例なれ」一三頁。

（54）青年協会は、大江義塾出身者を中心とした三〇〇名ほどの勢力だったようである（巻末広告『国民之友』第七号、明治二〇年八月一五日）。大江義塾閉塾後の塾生の動向と青年協会及び『青年思海』については、花立三郎『徳富蘇峰と大江義塾』ぺりかん社、一九八二年、二二三―二三〇頁、前掲『大江義塾　一民権私塾の教育と思想』三一〇―三三四頁を参照。

（55）太政官布告第一二号。条例の原文は、松本三之介・山室信一校注『日本近代思想大系一一　言論とメディア』岩波書店、一九九〇年、四一六―四二一頁に所収。

（56）有山輝雄「民友社ジャーナリズムと地方青年」成城大学『コミュニケーション紀要』第一〇号、一九九九年八月、二二頁。

（57）「新日本の青年及ひ新日本の政治　（第四）心に記して忘る可らざるもの」『国民之友』第九号、明治二〇年一〇月七日、九―一六頁。

（58）「新日本の青年及ひ新日本の政治　（第三）未来政治家の覚悟」『国民之友』第八号、明治二〇年九月一五日、一一頁。

第二章　期待すべき〈青年〉――〈青年〉と「学生」の相克

前章では、明治二〇（一八八七）年の『国民之友』誌上での連載「新日本の青年及ひ新日本の政治」における〈青年〉までを論じ、〈青年〉が自由民権運動末期という時代背景をもとに、上京したばかりの蘇峰によって「立志の青年」として誕生したことを明らかにした。

その後、〈青年〉の誕生を後押しした自由民権運動と蘇峰の改革論が、ともに明治二二（一八八九）年には下火になる。しかしその一方で、〈青年〉は様々な場所で説かれ続けた。つまり、時代の産物であるはずの〈青年〉が、その時代が終わった後も歴史から姿を消すことはなかったのである。なぜ〈青年〉は、自由民権運動の退潮後も説かれ続けたのだろうか。〈青年〉を説くということには、どのような魅力があったのだろうか。本章では、明治二一（一八八八）年以降の蘇峰の論説を中心に、明治二〇年代初頭に説かれた〈青年〉を検討することで、〈青年〉はなぜ自由民権運動という時代背景を失ってからも説かれ続けたのか、そしてその〈青年〉とはいかなる概念だったのかを明らかにしたい。

具体的には、まず明治二一（一八八八）年以降数年間の蘇峰における〈青年〉が、それ以前からどのように変わったのか、そしてその変容は何に起因し、その変容が歴史的にいかなる意味を持ったのかを問う。次いで、〈青年〉を自称しはじめた青年たちに蘇峰がいかなる対応をとったのか確認した上で、蘇峰のような在野のジャーナリストと言わば対極の位置にいた第一高等中学校教頭木下広次による明治二一（一八八八）年一〇月の教頭就任演説における〈青年〉を考察し、蘇峰が説く〈青年〉との共通点を浮かび上がらせたい。というのも、明治二〇年代初頭に学校当局者が〈青年〉をこれだけ積極的に用いた演説や論説は、管見の範囲では他にはなく、蘇峰と対極の位置にいた者が説く〈青年〉を考察することで、蘇峰のような国家改革論者に特権的な概念ではなく広く説かれ得る概念として成立した〈青年〉の意味を探ることができるからである。

1　蘇峰における新たな危機感

（1）「精神元気」の誤用から喪失へ

明治二一（一八八八）年になると、蘇峰に青年の壮士化とは別の危機感が芽生える。蘇峰は言う。

> 吾人密に我邦青年の情勢に就て観察するに……其情勢殆んと一変せん……概して現今の学生は、往々喧ましき理屈を言ふにも拘はらず、読書にも勉強し、学科にも欠席せず、教師の裁判帳に於ける品行点には、百点以上の道徳家も亦た鮮なしとせす……吾人は此の未来の智者にも仁者にも、一の大いなる欠点あるを見る、曰く彼等青年にして、青年の自から有す可き活火を有せざる是れなり……青年の胸中には、高尚なる、清浄なる、猛烈なる、雄麗なる一団の活火炎々たるを見るなり……我邦の青年学生は概して此の活火を消尽せり(1)。

つまり、「我邦青年」が、たとえ「教師の裁判帳に於ける品行点」が完璧であったとしても、「活火」が損なわれつつあるという危機感である。この損なわれつつある「活火」は、「高尚」「清浄」「猛烈」であるとされ、前章で論じたことを踏まえれば、将来の目的たる「新日本」建設への情熱的な志と同義だと考えられる。蘇峰が嘆いている「青年学生」は、道徳的には立派だが「青年の自から有す可き」志を忘れ去った〈青年〉であり、この「青年学生」は、壮士化していると論じられ暴力的なイメージを重ねられた「青年書生」とは正反対の存在である。「立志の青年」が誕生してわずか一年後に、「漢学塾の乱暴書生」と「現今の学生」がともに〈青年〉という概念で把握された上でそれぞれが対比され、問題の焦点が〈青年〉の「精神元気」の誤用（書生）から喪失（学生）

へと移行したのである。

（2）「青年らしき青年」

ではこの時、蘇峰の理想とする〈青年〉には変化があったのだろうか。蘇峰は続けて言う。「吾人は我邦に於て、成人らしき青年を見ること多く、造り飾りたる青年を見ること多くして、未た青年らしき青年を見る能はず、自然に発達したる青年を見る能はす、天真爛漫の青年を見る能はさる」(2)。蘇峰が語る〈青年〉は、これまで論じてきたように概念先行で創出された存在であるので、蘇峰が「未た青年らしき青年を見る能はず」「自然に発達したる青年を見る能はず」と思うのは当然かつ自業自得なのだが(3)、ここで注目すべきは、蘇峰が「青年らしき青年」、「自然に発達したる青年」、「天真爛漫の青年」という〈青年〉の本来の姿なるものを描き出し、露骨にその姿との距離で青年を評価していることである。つまり、これまでは新しい存在として〈青年〉を立ち上げ、〈青年〉たるべしと説いていたのが、その新しい存在が本来の姿へとすり替えられているのである。

ここでの本来の姿とは何か。蘇峰は先にこう述べている。「我邦第二の国民たる者、殊に新日本の教育を受け、中等社会を組織す可き所の青年にして、其胸臆の活火消尽せば、一国の活動力は茲に滅殺せさる可らす、此の時に於ては我邦は死せる噴火山となりたるものなり」(4)。つまり〈青年〉

の「活火」を「一国の活動力」に直結させているのだが、より重要なのは、蘇峰は民権運動が完全に下火になったこの時点においても、「現今の時勢は実に諸君に求むるに一世の改革家たり、建設者たるを以てせんとす」[5]と、〈青年〉を新時代の建設者、「新日本」の建設者として語っている点である。

また、蘇峰は〈青年〉における志の欠如を嘆く一方で、たとえ立志しても報われるとは限らないと説いている。「一の労苦を積み、他の成功を成し、一の原因より、他の結果に遷るは、是れ人生自然踰ゆべからざるの大道なり、真正の英雄たらんと欲せば、只堅忍不抜に、この大道を踏み行くに在るのみ」[6]。要するに、立志するのが〈青年〉本来の姿で、「青年らしき青年」だとしつつも、青年に求めたのは見返りとしての結果を期待せず、ただひたすら耐え忍び努力する生き方である。「吾人は青年諸君に向つて敢て英雄たれと言はず、然れども願はくは此の英雄の精神を失ふ無からんことを勧告せざるを得す」[7]。つまり、青年に求められたのは英雄になることではなく、英雄になろうと志すこと、または精神面だけ英雄であることだった。

ともかく、蘇峰が抱く理想の〈青年〉は、社会変革の主体としての可能性に満ち、その志に燃える「立志の青年」であったという点は従来と共通している。加えて、新たにその特質があたかも普遍的・本質的なものとして語られ始め、志が必ず遂げられるわけではないことの自覚を要求されるようになったのである。

(3) 学風

では、青年から志や理想を奪ったものは何か。蘇峰はそれを学風に求め、「学風論」と題して以下のように論じる。「学校の気風は、実に生徒たる青年の生涯の品性、運命を鋳造する者なり、是豈に等閑視すべき者ならんや、而して今や先生と言へば、徒だ学問を教ゆるものと考へ、学校と言へば、書物を習ふ所と考へ、子弟の間、路人も啻ならず」(8)。つまり、学風すなわち「学校の気風」は、生徒の生涯にわたっての「品性」を形成し、運命を左右するほどのものであるのに、教師は自らの務めをただ学問を教えることだけだと考え、生徒は学校をただ書物を学ぶ場だと考え生徒同士の関係が通行人が行きかうよりも薄くなっていると嘆いているのである。

続けて蘇峰は、理想的な学風を生み出すには、吉田松陰がその門人に与えたような「感化」が必要であるとし、具体的に反面教師として高等師範学校を挙げながら、知識重視の官製教員養成では真の教師は育たないと嘆く(9)。ここで蘇峰が慶応義塾と同志社を引き合いに出しながら論を展開していること、さらに後の論説において高等中学校での「心術の訓練」が形式的な知識の受け渡し以上のものにはなり得ないのではないかという危惧を吐露していることから(10)、矛先は主として高等中学校とその教師に向けられているように思われる。

ただし蘇峰は、この「青年学生」とはいかなる存在であるのかをこれ以上はっきりとは語ってはいない。次節では、蘇峰が「学生」という言葉を用いていることの意味を考察することで、「青年学生」とはいかなる存在なのかをより明確にしたい。

2　蘇峰における新たな仮想敵

(1)「書生」と「学生」

そもそも「学生」という呼称は、明治一〇年代には公式には陸軍戸山学校および東京大学で学ぶ者に限られていた。ただし制度とは無関係に、両者以外に「学生」が用いられることもあった。例えば明治一八（一八八五）年刊行の留学案内書では、上京すらしていない若者が「各地方の学生」「地方学生諸君」と呼ばれ[11]、明治一九（一八八六）年から翌年にかけて刊行された尾崎行雄の政治小説では「書生」よりも「学生」の用例の方が多い[12]。

しかし、東京大学卒の坪内逍遥が生粋の書生上がりとして明治一八（一八八五）年から翌年にかけて『当世書生気質』を刊行したように、当時一般的には「学生」よりも「書生」が用いられていた。明治二〇（一八八七）年六月には、上京して一年あまりの本富安四郎が、序文を田口卯吉に寄せてもらい「書生」向けの東京留学案内書『地方生指針』を刊行している。[13]この、書生自身の手による書生向けの留学案内書の序文では、田口が「人の一生許多の境遇を経然れども其最も奇にして且快なるものは諸生の時に如くなかるべし」、「純乎として清く凛乎として烈し余是を以て常に思ふ諸生は人生の花なり[14]」と、「諸生」をあたかも蘇峰における〈青年〉のように高らかに謳いあげている。そこで著者本富が田口によって「今ま尚ほ諸生の境遇にある人[15]」と紹介されているように、本文全体を通して学校への在籍の如何にかかわらず東京で学ぶ者すべてが「書生」と表現され、書生が将来の可能性、その存在の潔さ・瑞々しさを特徴とする存在として語られている。

ところが、この『地方生指針』が刊行される三ヶ月前、すでに東京の佐藤大任なる人物が「告在京書生」という投書で、「世人ハ書生トサヘ聞ケハ不行義乱暴者ノ符牒ノ如ク心得又迂闊麁漏ノ代名詞ノ如ク心得」と書生の評判を嘆いている。[16]明治二〇（一八八七）年は、「書生」イメージの転期だったのである。翌年からは、これまでの「書生」に替わり、「学生」が帝国大学以外の学校に在籍する生徒も指す言葉として急速な広がりを見せた。

蘇峰が明治二一（一八八八）年に「青年学生」を説いた時には、「学生」には少なくとも「基督教学校若くは基督教主義の学校[17]」の生徒が含まれていた。さらに同年、東京専門学校講師となっていた書生上がりの坪内が自校の在校生を「学生」と呼び、『読売新聞』紙上でも東京専門学校、慶応義塾、英吉利法律学校などの私立学校在校生が「学生」と呼ばれていた[18]。同年一一月に創刊された総合少年雑誌『少年園』の発刊の主旨で、同誌主幹で東京師範学校中学師範学科（後の高等師範学校）卒の山縣悌三郎は[19]、帝国大学のほかに高等師範学校、農林学校、職工学校、音楽学校、高等女学校、美術学校、高等商業学校、第一高等中学校、慶応義塾など、「官立と私設とを問は」ずそれらの学校の在校生を、「東京八百八街至る処」を「徘徊」する「青年学生」とまとめた[20]。

このような「学生」という呼称の広がりの背景には、明治一九（一八八六）年に制定された帝国大学令、中学校令、諸学校通則[21]によって帝国大学を頂点とするピラミッド型学校階梯が制度として誕生したことが挙げられる。ただしそれだけではなく、同年八月に私立法律学校特別監督条規（文部大臣より帝国大学宛達[22]）が出され、その翌年七月に文官試験試補及見習規則（勅令第三十七号[23]）、さらにその翌年五月に私立法律学校特別監督条規を廃止して特別認可学校規則（文部省令第五号[24]）が制定されたことの影響は、看過できないだろう。というのも、これらの法令によって独逸学協会学校専修科、英吉利法律学校、東京仏学校法律科、東京専門学校法律学科、明治法律学校、専修学校、東京法学校の私立学校七校の正規の入学生は、原則として尋常中学校卒業者もしくは試験で同等の学力が認められた者に限られ、同七校の卒業生には高等文官試験の受験資格が与えられたからである[25]。

この卒業生の特権は、各高等中学校及び東京商業学校（後の高等商業学校も含む）の卒業生と同等のものだった（文官試験試補及見習規則第十七条）。これは同時に、条規の名の通り、国家による私立学校の「監督」を意味したが、ともかくこれらの私立学校が帝国大学を頂点とするピラミッド型学校階梯の中で、たとえ帝国大学に「進学」[26]できない傍流であろうとも、階梯の中等教育部分に接続され、立身出世のための有力なルートとして位置づけられたのである。[27]

前述した『少年園』創刊号の発刊の主旨では、読者対象である高等小学校生・尋常中学校生が尋常中学校卒業後にさらに上級学校へと進学する将来の「青年学生」であることが前提となっている。[28]その一年後の明治二二（一八八九）年一二月、『教育時論』の「内外雑纂」欄では、東京農林学校、茨城師範学校、千葉師範学校の在学者が「学生」と呼ばれ、「校規を犯し教師を是非する」ことが「学生にあるまじき挙動」と語られており、[29]少なくともここではすでに「学生」の理想像が構築されていることが確認できる。当時は「生徒」と「学生」が混在して語られることが多かったが、その立場が規範化される時、「生徒にあるまじき挙動」とは語られず「学生にあるまじき挙動」と語られたのである。[30]

（2）「青年学生」とは

このような「学生」概念の急速な普及は、ピラミッド型学校階梯の最高位に置かれた帝大生＝公式の「学生」が、その階梯において同年齢層にあたる私立学校で学ぶ者や、下の階梯に位置づけられる第一高等中学校生、さらには尋常中学校や東京英語学校・共立《りゅう》学校・成立学舎といった一高合格のための登竜門(31)の生徒のモデルになったことを意味している。

東京には、東京大学予備門を改組し設立され、帝国大学に学生を供給する役割を全国で唯一まともに果たしていた第一高等中学校(32)があり、さらにそこに入学するための予備校や私立中学校が集中し(33)、地方から「東都遊学」する者があふれていた(34)。明治二四（一八九一）年からのいわゆる私立学校撲滅策が、上級学校への無試験入学資格の有無をめぐって展開されたことは(35)、明治二〇年代前半にはすでに進学こそが立身出世の正統なルートであるという認識が社会的に定着していたことの現れである。つまり、蘇峰が前述の論説「青年学生」を発表した明治二一（一八八八）年九月には、東京では「学生」という呼称が広がり、帝国大学を頂点としたピラミッド型学校階梯における進学が、立身出世のための最も有力なレールとしてリアリティを帯び始めていたのである。

以上のことから、蘇峰における「青年学生」とは、急速に整備された立身出世のレール＝学校階梯から逸脱しないよう自己を規律する青年のことであったと言える。

蘇峰が上京し『新日本之青年』を刊行した明治二〇（一八八七）年四月は、東京大学予備門が第一高等中学校に改組された半年後にあたり、創刊直後の『国民之友』誌上で「新日本の青年及ひ新日本の政治」を連載していた同年九月には、同校が二期目の入学生を迎え入れていた。熊本の一民権私塾の教師であった蘇峰が上京し、壮士を仮想敵とする〈青年〉を説き始めたとき、すでに東京では「書生社会」が消滅しつつあり[36]、青年の壮士化ではなく「学生」化が少しずつ進行していた。後にジャーナリストとして名を馳せる蘇峰が、上京一年あまりの間にその事実に気づき、いち早く問題化したこと、そして蘇峰の目が地方の青年ではなく東京の青年に向いたことが、蘇峰における〈青年〉の仮想敵が壮士から「学生」へと移行した要因だと考えられる。

（3）〈青年〉を自称する者たちと蘇峰

では、「青年学生」以外の青年たちのことを、蘇峰はどのように考えていたのだろうか。

すでに先行研究が論じているように、蘇峰が『国民之友』を創刊した明治二〇（一八八七）年の後半から翌年にかけて、〈青年〉を名乗る者が各地に発生した。都会の生徒であり地方の若者であった彼らが〈青年〉を自称し、〈青年〉らしさを伴うと判断した実践を始めたのである。

例えば、蘇峰が『国民之友』誌上で論説「新日本の青年及ひ新日本の政治」の連載中であった時にはすでに、蘇峰が説いた〈青年〉を自称する者が『頴才新誌』誌上に登場している。(37) このような青年の嚆矢は、先述したように大江義塾出身者であり、彼らは『国民之友』に倣いつつ、いわば「青年の青年による青年のための雑誌」として『青年思海』を創刊した。(38) さらにその試みを模倣し、都市部だけではなく地方でも『国民之友』をモデルとした雑誌が雨後の筍のように誕生した。それらは、装丁や構成、文のレトリックに至るまで『国民之友』の強い影響下にあった。(39)

ただし、それらの雑誌の刊行がピークを迎える明治二一（一八八八）年には、すでに蘇峰が説く青年論は「学生」化への警告に変容していた。蘇峰が論じる対象は、もはや地方で雑誌を刊行する青年ではなかったのである。蘇峰は彼らに対し、少なくとも『国民之友』誌上では驚くほど無関心であった。むしろ各地で〈青年〉を名乗る者が誕生していたにもかかわらず、前述のように「未た青年らしき青年を見る能はず」と言い放っている。明治二二（一八八九）年には早くも彼らの雑誌が次々と廃刊に至るが、(40) 蘇峰はこの問題について一切言及しない。

当時すでに『国民之友』を商業雑誌として成功させていた蘇峰は、かつてのように〈青年〉を読者対象として立ち上げるのではなく、在京青年を戒めながら、主に国会開設を見据えた民党の連合を説いていた。(41) また、実務レベルではかねてからの腹案であった新たな新聞社の立ち上げに向けた準備に追われていた。(42) 明治二一（一八八八）年に若者たちが〈青年〉を自称した時、そこで自称された〈青年〉と蘇峰が説く〈青年〉との間には、相当の距離があったのである。

では、このような蘇峰における〈青年〉の転換は、歴史的にどのような意味を持ったのだろうか。これまで論じたことを踏まえると、「精神元気」の誤用からその喪失へと問題が移ったこと、すなわち仮想敵が壮士から「学生」へと移ったことによって、蘇峰における青年論は、青年の志の喪失を嘆きその喪失の温床である学校、特にその象徴としての官立学校を批判するという、自由民権運動末期という時代性に縛られることのない、官立学校が存在する限りにおいては普遍的な構造を獲得したと言える。

この時の蘇峰における青年論には、理想的な〈青年〉、すなわち志を持ち英雄になろうとする「立志の青年」とも言うべき存在と、かたや「学生」化し志を喪失した「学生青年」ともいうべき存在が、それぞれ理想と現実として共存していた。蘇峰における〈青年〉は、立志し努力すべきであると同時に「学生」化すべきではない存在としての意味を内包するようになったのである。

3　学校関係者が説く〈青年〉

(1) 木下広次の教頭就任演説

以上のように、明治二一（一八八八）年には〈青年〉が様々なところで用いられるようになったのだが、「学生」化を促すべき立場においても、〈青年〉が用いられるようになっていた。その最たる例が、蘇峰が「青年学生」を批判する論説を発表した翌々月にあたる明治二一（一八八八）年一〇月に、いわゆる「籠城主義」を宣言した、第一高等中学校教頭木下広次による教頭就任演説であろう。

この演説は、一高生とそれ以外の若者の遮断を図った点で一高生の「学生」化を促すものであり、かつ帝国大学法科大学教授兼任という木下の立場と来歴から、一高生にとってはピラミッドの頂点に位置する「帝国大学人の訓戒として聞こえた」であろうとされる。(43)しかもこの演説で目指された「学生」像は「他ノ青年者ノ標準」(44)であり、一高生こそが最高峰の学歴エリート予備軍だと自認させることも図られていた。ゆえにこの演説は、当時の理想的な高等中学校生がいかなる姿だったのかを知り得る代表的な史料であるにとどまらず、この時期に〈青年〉がいかに構築されていったの

木下広次
（東京大学駒場博物館所蔵）

かを考える上でも看過できない。以下、木下がこの「籠城演説」において標準となるべき〈青年〉をいかなる存在として語っていたのか明らかにしよう。

この演説は、一〇月一日に本科生、同月三日に予科生に向けて行われたとされ(45)、その筆記が演説内容を知りうる唯一の史料であるが、原稿は発見されていない。ゆえに『第一高等学校六十年史』(46)に収録された筆記が、これまで一次史料として用いられてきた。近年、駒場博物館所蔵史料の整理が進められ、それらの史料に基づいて木下の演説に対する在校生の反応が明らかにされており(47)、その史料群に見られる「籠城演説」の影響からは同演説の筆記はかなり正確なものだと考えられる(48)。ゆえに本稿でも『第一高等学校六十年史』所収の筆記を当時の一次史料としたい。

（2）木下における〈青年〉

まず、木下が何を問題としたのか確認しておこう。木下は時勢について、「近来社会ノ一般拠ル可キノ規律ヲ失ヒ終ニ卑猥無作法ヲモ観テ怪マス或ハ付スルニ書生風ナル名称ヲ以テセリ(49)」と述べる。失われた「拠ル可キノ規律」とは、「封建」時代の「社会ノ秩序立チ礼式正シカリシ」時代の規律であり(50)、よって今は「封建廃シテ新主義新秩序未夕確立セス(51)」という一種の道徳的アノミー状態だと言う。ゆえに「文久慶応乃至明治ノ初年ニ生レタル人達」である一高生を、「社会ノ究屈ナル儀式ヲ見タルコトナク又其教ヲ受ケタルコト」のなかった世代として一括りに把握、問題化するだが(52)、その一方で木下は、演説時の一高生の現状については明言せず、ただひたすら時勢を非難し続ける(53)。

では、このように世代としてまとめられた一高生は、どうあるべきなのか。木下が彼らに期待したのは、「世人ニ本校生ハ尋常凡庸ノ書生ニ非ラス有為活発ノ青年ナリ頼母敷壮者ナリト言フ感触ヲ与ヘラレ第一高等中学ノ光ヲ発セラレンコト(54)」だった。ここにおいて「尋常凡庸ノ書生」と「有為活発ノ青年」という対立的な表象が創出されていること、そしてネガティブなイメージでもって語られる書生に対峙されている概念が「学生」ではなく〈青年〉であることに注目したい。このような〈青年〉の意味は木下の演説中で一貫しており、在校生に「其品行ハ端正ニ志ハ高尚ニシテ他ノ青年者ノ標準トモナルヘキ(55)」と説くほか、彼らに内在する才気は「青年ノ英気(56)」と表現され、末部では「向来日本ノ政治ナリ学術ナリ之ヲ領得シテ我国ヲ進歩セシムル者ハ青年ノ諸君ナリ(57)」と、やはり「学生」ではなく〈青年〉に日本の将来が託されている。

ただし木下が〈青年〉に期待した未来像は、上京直後の蘇峰が説いたような「第二の革命」の主体からは程遠かった。木下は彼らを「厳格ニ処置スル」理由として、以下のように述べている。「本校カ事ヲ好テ然ルニ非ラス偏ニ諸君カ自重自敬ノ精神気風ヲ起シ現在ニテハ天下青年者ノ率先標準トナリ向来ニテハ国家ノ器用トナリ(58)」。木下の言う〈青年〉は、新しい国家体制を創る者ではなく、既存の明治国家を中核で支える者、すなわち「国家の器用」であった。

「国家ノ器用」となるのに幕末の志士のような志は不要であるどころか、むしろ警戒すべき対象となるだろう。木下は、「卑猥無作法」をはたらく書生と〈青年〉を断絶する一方で、〈青年〉が有すべき志について一切言及しない。ひたすら説かれたのは、木下にとってのあるべき生徒像に収まるよう、「自重自敬」すべきだという主張である。「新主義新秩序」がいまだ確立されていない時勢において、その手段として提案されたのが、「校外一歩皆ナ敵高等中学ハ籠城ナリトノ覚悟(59)」を持ち、学校で定めた規律を遵守すること、本科予科に関係なく「校生一人モ余サス総テ」寄宿舎に入ることであった(60)。

ただしこの段階では寄宿舎の具体的なあり方については触れられておらず、木下が寄宿舎に自治制の発足を認めるのは、この二年後である。その過程では基本的には生徒の「自重自敬」を尊重することが遵守され、「処置」はそのための最終手段だと考えられていた(61)。

以上のことから、木下における〈青年〉とは、期待すべき存在であること、将来に向けた何らかの自己形成に自ら勤しむ主体であるべきことにおいては、蘇峰が説く〈青年〉と共通していたが、期待の内容が全く異なり、対称的ですらあったと言える。

4　期待すべき存在としての〈青年〉

（1）「立志の青年」と「学生青年」

明治二〇（一八八七）年に「立志の青年」として誕生した〈青年〉は、期待の眼差しを向けられ期待すべき存在とされながらも、その翌年には仮想敵が変化した。壮士の替わりに非難の対象となった「学生」は、急速に整備された立身出世のレール、すなわち上級学校への進学から逸脱しないよう、自己を規律する存在であった。

上京から一年が経過した蘇峰が危機感を抱いたのは、志を直接的政治行動へと直結させる壮士と化した青年の登場ではなく、進学という立身出世の階段を昇ることを最優先し「青年の自から有す可き」志を忘れ去った青年の登場だった。問題の焦点が、〈青年〉における「精神元気」の誤用から喪失へと移行するとともに、あるべき〈青年〉が説かれる際の仮想敵が、壮士という旧時代の産物をモデルにした存在から、「学生」という近代学校制度の産物へと移行したのである。その背景にあったのは、帝国大学を頂点とするピラミッド型学校階梯の誕生によって東京で広まりつつあった、立志なき立身出世主義を体現する「学生」の存在だった。

このように仮想敵が壮士から「学生」へと移ったことによって、蘇峰における青年論は、〈青年〉の志の喪失を嘆きその喪失の温床である学校、特にその象徴としての官立学校を批判するという、自由民権運動末期という時代性に縛られることのない、官立学校が存在する限りにおいては普遍的な構造を獲得した。〈青年〉には、志を持ち英雄になろうとする「立志の青年」ともいうべき理想像と、「学生」化し志を喪失した「学生青年」ともいうべき現実の姿が、それぞれ共存していたのである。

(2)〈青年〉の成立

一方で、第一高等中学校教頭木下のいわゆる「籠城演説」における〈青年〉は、期待すべき存在であること、将来に向けた何らかの自己形成に自ら勤しむべき存在であることにおいて、蘇峰が説く〈青年〉と共通していたが、その期待の内容が全く異なっていた。蘇峰が〈青年〉に真の維新を導き、新たな国家社会を建設することを期待したのに対して、木下は既存の国家体制を支える「器用」となることを要求したのであり、主義・秩序の定まらない時勢であるからこそ世間との関わりを絶つことで、理想的な〈青年〉たりうると論じたのである。

このように、期待の内実がどうであれ、どちらの〈青年〉も違和感なく説かれたということは、〈青年〉とは第一義的に期待すべき存在であるという認識があったからだろう。一方、期待の内実が定まらないことで、〈青年〉は、立志し新たな国家体制の建設を目指すべき存在と、国家の「器用」となることを期待するからこそ「学生」として適切な対処をすべき存在、どちらもが同時代的に一つの概念の中に共存していた。お互いの存在を対比的な参照枠としながらも、期待すべき存在＝〈青年〉という一つのまとまった概念として成立したのである。

ただし、明治二〇年代前半には、〈青年〉らしい行動とは何か、〈青年〉が行うべき理想的な自己形成とは何かが、まだ語られていなかった。例えば、民友社系の青年たちによって明治二三（一八九〇）年に結成された青年文学会は、「相互啓発のための啓蒙的な会、青年たちの勉強会」[62]として始まり、その機関誌『青年文学雑誌』[63]の内容は「思想や社会や文化への開かれた眼があり、それは文学的な関心と未分化の状態でゆれ動いて」[64]いたと評されるにもかかわらず、創刊から廃刊に至るまで〈青年〉らしい自己形成の何たるかが主題として論じられることはなかった。同誌上で〈青年〉の本質に「厭世家」を見出すか否かの論争[65]が展開されたにもかかわらず、そこで「厭世家」にならないようにするための自己形成が一切問題にならなかったことは、象徴的である。

このように、明治二〇年代前半には期待すべき存在として〈青年〉が説かれる一方で、〈青年〉らしい自己形成が推奨されつつもそれが何であるのかがまだ提示されていなかったのである。

注

(1) 「青年学生」『国民之友』第二九号、明治二一年九月七日、一―二頁。
(2) 前掲「青年学生」三―四頁。
(3) さらに言えば、このように蘇峰が説いていること自体が、蘇峰における〈青年〉が概念先行であったことの裏付けの一つとなる。
(4) 前掲「青年学生」二―三頁。
(5) 前掲「青年学生」五頁。
(6) 「僥倖心及ひ冒険心」『国民之友』第七七号、明治二三年三月二三日、一―二頁。
(7) 前掲「青年学生」六頁。
(8) 「学風論」『国民之友』第七五号、明治二三年三月三日、一頁。
(9) 蘇峰の危機感は、後に小学校教育にも及ぶ。「学風論」を著した三ヶ月後には、文部省で決められた型にはまった道徳教育によって「叩頭生徒」が生み出され、その生徒が後に「叩頭国民」となると嘆いている(「小学の道徳」『国民之友』第八四号、明治二三年六月三日、一―五頁)。その四ヶ月後には、小学校教育が「酒を飲まず、放蕩もせず、善も作さず、況や悪を作さんをやと言ふが如き、無為にして化する人」を生産していると、同様の嘆きを見せている（「小学校及び小学教育」『国民之友』第九六号、明治二三年一〇月三日、四頁）。

(10)「先つ高等中学を廃すべし」『国民之友』第三八号、明治二二年一月一二日、一四頁。

(11) 下村泰大編『増補　東京留学案内』和田篤太郎、明治一八年、七頁。この増補版は同年一〇月刊行であり、同年七月刊行の初版にはこの記述はない。なお、「遊学」という表現が多用されるようになるのは明治二一（一八八八）年に『少年園』誌上で「遊学の栞」の連載（明治二三年に『東京遊学案内』としてまとめられ刊行）が始まって以降であり、それ以前は「留学」が一般的だった。

(12) 尾崎行雄『新日本　初巻』集成社・博文堂、明治一九年一二月、及び続編の尾崎行雄『新日本　二巻』集成社・博文堂、明治二〇年三月。

(13) 本富安四郎『地方生指針』小林新兵衛、明治二〇年。本富については菅原亮芳『近代日本における学校選択情報――雑誌メディアは何を伝えたか』学文社、二〇一三年、一二九―一三〇頁を参照。

(14) 田口卯吉「地方生指針序」前掲『地方生指針』一―二頁。

(15) 前掲「地方生指針序」二頁。

(16) 佐藤大任「告在京書生（承前）」『頴才新誌』第五〇五号、明治二〇年三月五日、六頁。なお岡和田は、この投書が「未熟な空論」という意味での「書生論」の初出だと推定している（岡和田常忠「青年論と世代論――明治期におけるその政治的特質」『思想』第五一四号、一九六七年四月、四三頁）。

(17) 前掲「青年学生」一頁。

(18) 坪内の演説と『読売新聞』における「学生」の用例は、石堂彰彦「『書生』と『学生』のあいだ――

一八八〇年代の『読売新聞』における変遷」成蹊大学大学院文学研究科『成蹊人文研究』第一四号、二〇〇六年三月、一一一―一三〇頁を参照。

(19)『少年園』は後に刊行された数々の少年雑誌の先駆。『少年園』の書誌情報および山縣については、滑川道夫「解説――主幹山縣悌三郎と『少年園』」『少年園復刻版　解説・総目次・索引』不二出版、一九八八年、一―二三頁を参照。

(20)「発刊の主旨を述べ先づ少年の師父に告ぐ。」『少年園』第一巻第一号、明治二一年一一月三日、一―二頁。なお『少年園』創刊号で募集された懸賞文では、「尋常中学生徒」「高等小学生徒」「何人にても」と募集対象が三種類に分かれており、当時の同誌における主たる読者層が尋常中学校生・高等小学校生であったことがわかる。

(21)諸学校通則がピラミッド型学校階梯の形成に果たした役割については、荒井明夫『明治国家と地域教育――府県管理中学校の研究』吉川弘文館、二〇一一年、四〇―一〇七頁を参照。

(22)この条規については、寺﨑昌男『増補版　日本における大学自治制度の成立』二〇〇〇年、評論社、一七六―一八六頁を参照。

(23)教育史編纂会編『明治以降教育制度発達史　第三巻』一九六四年重版、教育資料調査会、初版は一九三八年、二二六―二三七頁を参照。

(24)前掲『明治以降教育制度発達史　第三巻』七六〇―七六三頁を参照。

(25)本書では端的にこのようにまとめたが、この三つの法令が「学校間の階層秩序」及び「学校体系」の形成に重要な役割を果たしたことは、すでに利谷信義が論じている（利谷信義「日本資本主義と法学エリート（二）――明治期の法学教育と官僚養成」『思想』第四九六号、一九六五年一〇月、一〇五一一〇七、一一三―一一九頁）。

(26)　当時は、上級学校に進むという意味での「進学」という概念はまだ流通していなかった。管見では、明治三〇年代の文献にようやくこのような意味での「進学」が稀に出現するようになるのだが（新潟県立新発田中学校『新潟県立新発田中学校一覧』明治三五年、七八―七九頁）、本書では煩雑を避けるため、以下「」を略す。

(27)　ただし、私立学校は経営を成り立たせるために傍聴生や員外生など正規ではない生徒も多く受け入れていた（広田照幸「近代知の成立と制度化」歴史学研究会・日本史研究会編『日本史講座　第八巻　近代の成立』東京大学出版会、二〇〇五年、二六七頁）。

(28)　前掲「発刊の主旨を述べ先づ少年の師父に告ぐ。」一―四頁。山縣はここで、尋常中学校卒業後に入学する学校を「中学以上」、尋常中学校・高等小学校・尋常小学校を「中学以下」と分けて論じている。「数百の中学」と出てくることからも、山縣の言う「中学」には私立学校が含まれている可能性が高い。

(29)　「学生の挙動」『教育時論』第一六九号、明治二二年一二月二五日、二七頁。

(30)　明治三〇年代初頭のいわゆる学生風紀問題において、中学生、師範学校生などが「学生」として問題化されるのだが、このような「生徒」と「学生」の境界線のあいまいさ、そして規範をまとった存在である「学生」は、この明治二〇年代初頭に誕生したと考えられる。

(31)　当時のこれら私立三校については、武石典史『近代東京の私立中学校――上京と立身出世の社会史』ミネルヴァ書房、二〇一二年、七一―七四頁を参照。なお、高等（中）学校進学のための主たる準備機関が私立学校から（尋常）中学校へと移り変わっていったのは、広田照幸が指摘しているように明治二〇年代後半以降である（前掲「近代知の成立と制度化」二六二―二六五頁）。

(32) 中等教育機関が未整備な当時にあって、他の高等中学校は本科に在籍し得る学力を有するものが圧倒的に不足し、生徒のほとんどが予科または予科補充科に在籍していた。明治二二（一八八九）年の第二高等中学校と第五高等中学校は本科生なし、第一高等中学校以外で本科生が最も多い第三高等中学校でさえその割合は一割強程度だった。当時の高等中学校については、筧田知義『旧制高等学校教育の成立』ミネルヴァ書房、一九七五年、一―二〇頁、新谷恭明「明治期の中等教育に於ける二つの接続」慶應義塾福沢研究センター『近代日本研究』第三一巻、二〇一五年二月、六三―六五頁、吉野剛弘「明治後期における中等教育と高等教育とのアーティキュレーション」慶應義塾福沢研究センター『近代日本研究』第三一巻、二〇一五年二月、一一三―一一五頁を参照。

(33) 前掲『近代東京の私立中学校――上京と立身出世の社会史』六五―七〇頁。

(34) 天野郁夫『試験の社会史――近代日本の試験・教育・社会』東京大学出版会、一九八三年、二〇七―二〇八頁。

(35) 私立学校撲滅策については、前掲『近代東京の私立中学校――上京と立身出世の社会史』七九―八五頁を参照。

(36) 中野目徹『政教社の研究』思文閣出版、一九九三年、三一頁。

(37) 奥山天爵「文明士人ノ資格」『頴才新誌』第五三五号、明治二〇年一〇月一日、四―五頁。

(38) これらの青年の動向を、木村は現存する僅かな史料を手がかりに克明に描いている（木村直恵『〈青年〉の誕生――明治日本における政治的実践の転換』新曜社、一九九八年、一三一―一六四頁）。

(39) 前掲『〈青年〉の誕生――明治日本における政治的実践の転換』一六四―一八四頁。

(40) 廃娼運動という具体的目標を持ち、新聞紙条例規定の保証金を納めてもいた上毛青年会ですら、明治二三（一八九〇）年に機関誌『上毛青年会雑誌』を廃刊している。
(41) 蘇峰がこの間に論じた政論については、米原謙『徳富蘇峰――日本ナショナリズムの軌跡』中央公論新社、二〇〇三年、七三―八一頁を参照。
(42) 有山輝雄『徳富蘇峰と国民新聞』吉川弘文館、一九九二年、一―二二頁。
(43) 寺崎昌男「自治寮制度成立史論――とくに木下広次とその二演説をめぐって」旧制高等学校資料保存会『旧制高等学校史研究』季刊第一五号、一九七八年一月、二五―二九頁。
(44) 第一高等学校編『第一高等学校六十年史』昭和一四年、一〇三頁。
(45) 前掲「自治寮制度成立史論――とくに木下広次とその二演説をめぐって」三三―三四頁。
(46) 前掲『第一高等学校六十年史』。
(47) 冨岡勝「第一高等中学校寄宿舎自治制導入過程の再検討（その四）――寄宿舎自治制案の登場・検討と自治制導入」一八八〇年代教育史研究会『一八八〇年代教育史研究年報』第四号、二〇一二年一〇月、一〇二―一二四頁。
(48) 特に明治二二（一八八九）年六月の「安達峰一郎の木下校長宛意見書」における「青年子弟」の理想像（前掲「第一高等中学校寄宿舎自治制導入過程の再検討（その四）――寄宿舎自治制案の登場・検討と自治制導入」一一一頁）は、「籠城演説」におけるそれをモデルにしていると考えられる。
(49) 前掲『第一高等学校六十年史』一〇三頁。
(50) 前掲『第一高等学校六十年史』一〇五頁。
(51) 前掲『第一高等学校六十年史』一〇五頁。
(52) 前掲『第一高等学校六十年史』一〇五頁。

(53) このような特徴を持つ「籠城演説」が誕生するまでの経緯については、冨岡勝「第一高等中学校寄宿舎自治制導入過程の再検討（その二）――木下広次教頭就任の背景と就任当初の方針」一八八〇年代教育史研究会『一八八〇年代教育史研究年報』第二号、二〇一〇年一〇月、五五―八一頁を参照。

(54) 前掲『第一高等学校六十年史』一〇五頁。

(55) 前掲『第一高等学校六十年史』一〇三頁。なお、澁谷知美はここにおける「品行」を性的品行ではないかと推論しているが（澁谷知美『立身出世と下半身――男子学生の性的身体の管理の歴史』洛北出版、二〇一三年、一四六―一六七頁）、筆者は先に蘇峰の引用文で見た「教師の裁判帳に於ける品行点」における「品行」や、明治一一（一八七八）年から同一三年にかけて刊行された中村正直訳『西洋品行論』における「品行」＝character と同義だと考えている。

(56) 前掲『第一高等学校六十年史』一〇四頁。

(57) 前掲『第一高等学校六十年史』一〇七頁。

(58) 前掲『第一高等学校六十年史』一〇六頁。

(59) 前掲『第一高等学校六十年史』一〇四頁。

(60) 前掲『第一高等学校六十年史』一〇六頁。

(61) 自治寮としての寄宿舎の成立過程については、第一高等学校寄宿寮委員「自治寮略史」第一高等学校寄宿寮編『向陵史』大正一四年、一―一一頁、前掲「自治寮制度成立史論――とくに木下広次とその二演説をめぐって」三九―四三頁、前掲「第一高等中学校寄宿舎自治制導入過程の再検討（その四）――寄宿舎自治制案の登場・検討と自治制導入」七九―一二七頁、冨岡勝「第一高等中学校寄宿舎自治制導入過程の再検討（その五）――寄宿舎自治制導入過程から見えてくること」一八八〇年代教育

史研究会『一八八〇年代教育史研究年報』第五号、二〇一三年一〇月、八三―一〇七頁を参照。
(62)　小田切秀雄「文学史上の『青年文学』」『解説「青年文学」復刻版別冊』一九七五年、日本近代文学館、八頁。
(63)　明治二四（一八九一）年三月創刊、同年一一月に『青年文学』と改題。どちらも原則月刊で、『青年文学雑誌』は第四号まで、『青年文学』は明治二六（一八九三）年三月発行の第一七号まで発行された。
(64)　前掲「文学史上の『青年文学』」八頁。
(65)　宮崎湖処子が「青年は我の動物なり……厭世家ならざるもの殆と稀なり」（湖処子「青年と大家」『青年文学』第一号、明治二四年一一月、八頁）と説いたのに対し、縦横生こと杉村楚人冠が「彼の厭世家に非る一証拠」（縦横生「青年は果して厭世家なるへきや」『青年文学』第二号、明治二四年一二月、二一頁）を提示、その後さらに一度ずつ双方による応答がなされた（湖処子「青年と厭世」『青年文学』第三号、明治二五年一月、四―五頁、縦横生「青年と厭世を読む」『青年文学』第四号、明治二五年一一月、四―六頁）。

第三章　形成される〈青年〉——修養の成立

1　なぜ修養を問うのか

（1）修養の語られ方

〈青年〉らしくあるための自己形成は、いつ・どのようなものとして広まったのだろうか。本章では、近代日本において〈青年〉のあるべき自己形成として語られた「修養」に注目し、修養がいつ、どのように論じられるようになったのか、そして様々な論者に説かれるようになるに及び、どのような概念として成立したのかを考察し、この問いに答えを見出したい。

修養という言葉は、今日ではあまり馴染みがないが、(1) 遅くとも明治四〇（一九〇七）年頃には書籍や雑誌、教育現場、修養団体などいたるところで説かれていた。例えば、『太陽』や『中学世界』

といった当時を代表する雑誌で品性の修養、人格の修養などが説かれ、宗教者の講話では精神的鍛錬が修養として説かれた。また、中学生用の倫理または修身の教科書でも修養が語られ、明治四〇年に結成された修養団では、精神の向上を通して国家社会に貢献することが目指された。このように、様々な論者によって説かれたことに、修養の特徴があった。

修養は言論界に氾濫し、それを受け入れた青年たちは修養に励んだ。そこでは、「精神修養」という当時の言葉に代表されるように、自己の内面を修養することが実践されていた。その実践方法は、冷水浴・運動・座禅・瞑想・読書など、およそ精神を鍛えるための行為はすべて修養と呼ばれているといっても過言ではないほどの様々なバリエーションがあった。しかし、当時その内容が定義されることはなく、また、修養を実践する立場にある者も、そもそも修養とはいかなる概念であるかという問いを立てることはごく稀であった。

確かに、修養が単に「修め養うこと」という意味で使用されていたと考えれば、特に本書で取り上げる必要はないように思われる。しかし、修養が当時の他の概念とその性格を異にしている点は、上記のように何とでも解釈できる概念であるにもかかわらず、〈青年〉を論じる者と〈青年〉を自称する者の双方にとってあたかも自明の概念であるかのように語られ、また異常とも言えるほどに当時の青年が修養に励んでいたことにある。

（2）修養の成立を問う意義

しかし、これまで修養を論じた先行研究においては、「修養とはいかなる概念なのか」という問いを立てる前に、修養が思想としての内実を有していることを前提としての思想分析、または「成功」など他の概念との関連での機能分析が主流であった。

例えば前者では、宮川透が清沢満之《きよざわまんし》の「修養思想」を論じる前置きとして、「〈修養〉思想は、天皇制国家権力の強制力のもとで、日本人個々の内面的自律性を十分に確保することなく潰え去るか、あるいは国家権力が上から他律的に課した禁欲倫理を、内面的自律的なものに転換するという形で、客観的には忠実なる臣民の形成という役割を演じたことは否定できない事実であるが[2]」とことわっているように、国家権力または天皇制に対して自律性をどれだけ確保し得るのかが主な論点となってきた。

後者では、明治後期の修養の類型化を試みた筒井清忠の研究が代表的である。筒井は、当時の「修養主義」を、明治三〇年代後半から四〇年代にかけてのアノミー状況下におかれた青年への説得戦略として位置づけ、「青年層の不満をどう解消するか」という難題への対処こそが、修養論の使命であったと論じている。[3] この前提のもとに筒井は、「修養主義」の特質を、①人格主義としての修養主義、②「成功」と連結した修養、に分類する。[4] さらに後者を五つの説得戦略類型、すなわち①成功否定型、②成功不問型、③修養手段（成功のための手段）化型―「藤吉郎主義」、④目的多元化型、⑤目的付加型、に類型化している。[5] しかしこの一連の作業で形成された諸類型は、あくまで明治後期に説かれた修養論の「説得戦略」の類型であり、修養とは何かという問いに答えているわけではない。言い換えれば、筒井は「修養主義」を日本資本主義の発展を支えた近代日本全般に関わるエートスとして見出しているにもかかわらず、[6] 類型化という手法で修養の実態に迫ろうとしたことで、様々なバリエーションの修養に共通している機能を導き出すことができていないのである。[7]

本章では、思想分析ではなく、また筒井が試みたような類型化とも異なったアプローチで、修養概念を考察する。そもそも、修養論がいかなる機能を有していたのかを明らかにするためには、修養を類型化する以前に、修養概念の歴史的な構築過程を明らかにし、その上で修養論の特徴をとらえる必要があるだろう。まずは修養が主題として論じられるようになった時期を確認しつつ、その主題化されるに至った経緯を明らかにし、その後様々な論者によって説かれるようになった修養がいかなる概念であったのかを把握しなければならない。この作業を経ることで、修養が〈青年〉の自己形成概念として語られるようになったことの歴史的意義が明らかになるだろう。

2　修養論の誕生まで

（1）訳語としての修養の誕生

そもそも修養はいかなる起源をもつのだろうか。

前近代では、修養が用いられることがそもそも稀であった。三枝博音が言うには、用いられたとしてもそれは「今日のように精神修養の成語にみられるような意味のものではなく、むしろ私たちのいう『養生』の意味を表わすものだった(8)」ようである。では、三枝が「今日のように」と言うところの修養は、いつから用いられ始めたのだろうか。

王成は、中村正直が明治三年に刊行した『西国立志編』と翌年刊行した『自由之理』において、cultivate や cultivation の訳語で修養が用いられていることに注目し、「〈修養〉は、古典的な儒教道徳の意味を担った言葉ではなく、近代的な用語として誕生した(9)」と論じている。ただし、このような修養の誕生プロセスは、現代の研究者があらためて指摘するまでもない。同時代を生きた思想家である西村茂樹は、晩年の大作『徳学講義』において、修養という言葉が朱子学において使用されていたことを指摘しつつ、近代日本の修養は Self-Culture の訳語であると定義付けている(10)。

しかし、中村による修養の創出はあくまで訳語としての修養の誕生であり、その誕生の場である『西国立志編』が明治三年に刊行[11]されて以降、明治一〇（一八七七）年においても、修養を主題とする論考は管見の限りでは確認できない。つまり、思想としてのまとまりどころか、注目すらされていなかったのである。

（2）松村介石

修養を主題とする論考の登場を追うため、まずは、修養を立身出世主義の冷却装置と位置づけ、修養を主題または副題にした書籍（すなわち「修養読本」）の刊行冊数を調査した竹内洋の研究[12]を参照しよう。竹内の調査によれば、「修養読本」の刊行が明治三九（一九〇六）年に七冊であったのが、翌年には二九冊と急増し、その後も毎年二〇冊から三〇冊ほど刊行されている。つまり、日露戦後の明治四〇年代には修養書[13]ブームとも言える現象が起こったのである。一方で「修養読本」がいつ刊行され始めたのかに注目すると、同調査からは、明治三二（一八九九）年とその翌年に一冊ずつ、明治三四（一九〇一）年から明治三八（一九〇五）年までの間に毎年数冊ずつ刊行されており、修養書の登場は明治三〇年代前半であったことが確認できる。

しかし、だからといって修養論の誕生を明治三二（一八九九）年に求めるのは早計だろう。というのは、タイトルに修養を含む書籍が刊行され始めたということは、すでに修養という言葉がある程度読者の共通言語になっていたと考えられるからである。事実、明治二六（一八九三）年から神田の青年会館で雄弁をふるっていた松村介石《かいせき》は、明治三二（一八九九）年刊行の日本最初の本格的な修養書である『修養録』[14]において、「修養は容易の業にあらず、之を容易の業の如くに説くものは未だ初めより修養の何物たるを知らざるものなり」[15]と説いており、修養が明治三〇年代初頭にはすでに様々な論者によって説かれていたことがうかがえる。

では、修養はいつから主題として説かれ始めたのだろうか。その時期を知る手がかりとして、松村が『修養録』の自序で以下のように述べていることは注目に値する。

予立志之礎ヲ著シテヨリ顧ミレバ既ニ十年ノ星霜ヲ経……立志之礎発刊以来志ヲ立テ身ヲ起シ世道人心ノ為メ識徳修養ノ途ニ上リタル青年所在極メテ多シト聞ク……前著ハ主トシテ志気ノ源頭ヲ説キ、本著ハ神魂ガ大悟得道ノ奥底ヨリ説キ起コシ、治己治人救世経国ノ大志ニ及ブ[16]

この文中冒頭に出てくる『立志之礎』[17]は、新潟の北越学館での教育実践をもとに書かれた松村の代表作であり、「出版以来多くの青年層を発奮させた、そして驚異的に売れた書物[18]」と評される。『立志之礎』が刊行されたのは、前章で論じたように徳富蘇峰が青年の「学生」化を憂いていた明治二二（一八八九）年であった。

松村の論調は同時期の蘇峰より熱く、「嗚呼世に青年ほど畏るべきものはあらじ。何となれば彼等は猶ほ龍の如し如何に変化するや知るべからず」と〈青年〉を讃え、「自由の意志の発達に任せて或はミルトンとなり或はリンコルンとなり、或は留侯となり、或は太閤となり」と、時代の先導者として青年を奮い立たせようとしている。[19] 松村は〈青年〉を「人生の首途に当」たる者と位置づけ、「諸君よ之を知れ国家は現在の役者を頼まずして而して諸君を頼むことを」と説き、新たな時代の「国権」の振興と「自由」の伸張を訴えた。[20] 上京直後の蘇峰と同様に、松村は自由民権運動が衰退に向かいつつあった当時の青年のあり方に危機感を抱き、また一方では「学黌受業ノ徒往々其志ヲ喪フアルヲ憂[21]」い、新たな時代の建設者として彼らを〈青年〉、すなわち「志」を持つ時代の先導者と位置づけ、鼓舞したのである。『修養録』はその続編であった。

ただし松村は、『立志之礎』において修養という言葉を一度も用いていない。また、『立志之礎』の内容からは、高等教育・中等教育の学校で「実利主義」ばかりが重んじられ、精神徳義を養う精神的教育が軽んじられる傾向への憂いが読み取られる一方で、「努力奮闘しさえすれば、誰にでも立身出世の可能性が開かれていることを説いている」立身出世読本としての特徴[22]も混在している。

ゆえに、『立志之礎』を修養書に類する書籍と位置づけることはできない。では、松村が『立志之礎』刊行直後に著した『阿伯拉罕倫古龍《アブラハムリンコルン》』(23)はどうだろうか。

『阿伯拉罕倫古龍』は、タイトルの通りリンカーンの伝記であるが、松村の狙いは単にリンカーンの生涯を伝えることではなかった。松村は本書の狙いを以下のように述べる。「啻に倫氏が言行を審かにするに止まず。併せて又倫氏が倫氏たるに至りし所以の道を明にせんと欲す。即ち読者をして真人物たるの順序方法を知らしめんと欲するなり(24)」。ここからうかがえるのは、「真人物」になるための「順序方法」の存在がすでに自明のものとなっており、その「順序方法」を説くためにリンカーンを手段として用いていることである。では、ここで「真人物」＝リンカーンは、松村によってどのように描かれているのだろうか。

> 嗚呼夫レ倫氏ハ斯ル陋屋ニ生レタル。眇タル細民ノ一子ノミ。然ルニ鳳翥龍変。遂ニ大統領ノ栄位ニ即キ。偉業ヲ万世ニ建テ。徳沢ヲ四海ニ流シ。吾人ヲシテ今猶欽慕措ク能ハラシム。其故如何。曰ク他ナシ。唯ダ氏ガ傭役僕職ノ間ニ於テ。猶能ク品性ヲ修養シ。学識ヲ研習シ。屹トシテ精神ヲ振ヒ。鬱トシテ大志ヲ懐キ。群少ノ褒貶ニ戚々セズ。名利ノ得喪ニ汲々セズ。至誠一貫。遂ニ国家ノ為メニ其身ヲ殺シタル自然ノ結果ト謂ハザルヲ得ズ(25)。

まず特徴として挙げられるのが、生まれの貧しさが強調されていることである。このように自己の出生の境遇を嘆かず努力奮闘することを説くパターンは、明治五（一八七二）年から明治九（一八七六）年にかけて刊行された福沢諭吉の『学問のすゝめ』から継承されており、明治初期からの立身出世主義の系譜に属するだろう。一方で内面の自己形成も重視されており、大志を抱き富貴を求めず内面の成長に日々励んだことが強調される。その自己形成の冒頭に位置づけられているのが「能ク品性ヲ修養」することだった。このような自己形成の結果、リンカーンは大統領として「国家」のための偉大な業績を残すことができたとされている。

この精神性重視・プロセス重視の視点は、まさに訳語としての修養が誕生した『西国立志編』を通して中村が言わんとしたことであり、(26)松村がここで筆頭に挙げている実践は、『西国立志編』にルーツを持つ、「能ク品性ヲ修養」することだと言えよう。つまり『阿伯拉罕倫古龍』とは、『学問のすゝめ』で説かれた立身出世読本を下支えする価値観を保持しつつ、『西国立志編』で描かれた自己形成のあり方を復権させる試みと位置づけられるのであり、その自己形成の筆頭に挙げられたのが「能ク品性ヲ修養」することだったのである。

3　修養論の誕生

（1）明治二六（一八九三）年の時代状況

このような意味合いで用いられた修養を松村が積極的に説き始めるのは、明治二六（一八九三）年刊行の『我党の徳育』[27]と雑誌『三籟』[28]からである。ただし、前章で論じた明治二〇年代初頭と明治二六年とでは、青年が置かれた環境が幾分変化していた。ゆえにまずは、明治二六年の青年たちがどのような環境に置かれていたのか、確認しておこう。

第一章・第二章で述べたように、明治二〇（一八八七）年に蘇峰がいち早く「立志の青年」としての〈青年〉を誕生させ、早くも翌年には、〈青年〉は蘇峰のような国家改革論者に特権的な概念ではなく、広く説かれ得る概念、すなわち期待すべき存在としての〈青年〉として成立した。少し遅れて松村も『立志之礎』において同様の〈青年〉を説き、青年を鼓舞したことは先に述べたとおりである。

その後、青年との間に距離ができていく蘇峰（第二章を参照）とは対照的に、松村は明治二六（一八九三）年から東京キリスト教青年会講師として神田の青年会館で雄弁をふるい、聴衆である青年たちから絶大な支持を得ている。[29] その当時の青年について、E・H・キンモンスは、「青年の政治熱は、国会が開設されると急激に冷めていった。理想主義者は落胆し、出世主義者は富貴のための学問に復帰した」[30]と総括している。当時の「富貴のための学問」を「復帰」と位置づけることに筆者は同意しないが、この時期の青年にキンモンスの言う二パターンの価値観が存在したことは確かだろう。この二パターンの価値観を有した青年に対して、松村は『三籟』誌上の「修養論」と題する論考で以下のように説く。

嗟呼修養を軽んずるが為めに、如何に小人俗輩の増加したるを視よ、才子才々の跳梁するを見よ、多弁無能多学にして、而も巍々堂々たる人物の尠きを見よ。斯て又一方に於ては神経質に狂ひ廻るより、速成的己惚人物の多きを見よ、似而非英雄の多きを見よ。二者趣き異なりと雖ども孰れも真正の修養を知らざるより起る。[31]

このように、松村が修養を説くにあたって問題としていたのは、英雄のように振る舞うもののその内実はただの「多弁無能多学」な者であった。

さらに松村は、「当節はあまりに人物とか、修養とか、品性とか、人豪とか言ふことの流行来りしより、又々例の反動を起し、こんどは修養など言ふとを軽蔑し去らんとするの傾きあり[32]」と述べている。この文から、当時すでに修養が様々なところで説かれていたことがうかがえる。

だが、当時人気を博していた雑誌『国民之友』、『日本人』、『少年園』には、明治二六（一八九三）年末の時点ではタイトルに修養を用いた論稿はほとんど存在せず、修養という言葉もあまり使用されていない。同時期に横井時雄《ときお》は、「嗚呼今や徳望を馬鹿にするの時代将さに来らんとするなり……吾人は新日本の社会に道徳を修養すべき社交の起らんとを希望するや実に切なり[33]」と説いているが、ここでの「社交」とは、具体的にキリスト教会を指している。横井はこの論考において、「此の濁れる曲邪なる世に於て道徳を修養し公道を拡張するを以て自任する社交は唯だ基督教会あるのみ[34]」と述べ、「新日本社会の救世主[35]」であるキリスト教会への加入を説いており、論の主題が修養にあるとは言えない。

（2）表現方法の改変

では松村は、何を念頭に置いて先のようなことを述べたのだろうか。

明治二三（一八九〇）年以降、言葉として修養を用いていなくても、後の修養論にみられるような、精神面での強化を促すが最終到達点が不明確、もしくは「英雄」という実現不可能なレベルに設定されている論稿が確認できる。

例えば、『少年園』誌上で「少年子[36]」に向かって「正当の発達」を説く鈴木力《ちから》（鈴木天眼《てんがん》）の論考は、その典型と言える。

見よ、米国のフランクリンは一銭の学資なく、一粒の食路なく、有らゆる便宜有らゆる幸福に見離されたる如き身を以て、或は活版所の職工と為り、或は大工の弟子と為り、満身の汗と膏とを絞りて纔かに其生命を繋ぎ、流離困頓の間に後来大政治家大哲学家世界の大人豪傑たるべき資質を養ひ得たるに非ずや。……境遇の適否は無論重大の条件なりと雖も、境遇を転じ境遇を動かすの精神気力亦重大非常にして、人は宜しく境遇の適否を問はずして、先づ自己の精神気力如何を省みるべきのみ。……境遇の適否を論ずる莫れ、偏に自己精神の勇怯、気力の大小如何に注意せよ。天は自ら助くる者を助くとは、天の助くるに非ざる也、自ら為し自ら成さんと欲せば、必ず刻苦励精神術を鍛錬し志慮を陶冶し、内自ら毅然たる者を修得して、以て外邪を逐ひ外物を制す可し。有らゆる危険は皆独自一己の力を以て排除し得可しと覚悟せよ[37]

境遇を嘆くのではなく、自分の力で自分の将来を切り開けと鼓舞するこの論考では、「精神」及び

「気力」が強調されており、「少年子」がとるべき行動が、「先づ自己の精神気力如何を省みるべきのみ」、「偏に自己精神の勇怯、気力の大小如何に注意せよ」、「自ら為し自ら成さんと欲せ」、と非常に抽象的なものになっている。また、その結果得られるものは「正当の発達」、または「危険の排除」と言い換えられており、こちらも抽象的で、その結果「少年子」がとるべき行動との因果関係が不明確になっている。

重要なのは、このような文章が明治二〇年代半ばに『国民之友』など前述の諸雑誌で散見されるという点であり、松村はこれらを指して「修養とか、品性とか、人豪とか言ふことの流行」と述べたのだろう。つまり、これまで修養・品性という言葉で表現されていなかった自己形成が、内実をほぼそのままに、『阿伯拉罕倫古龍』の著者松村によって修養・品性を用いた表現方法へと改められたのである。この傾向は松村のみならず、鈴木力にも見られる。鈴木は明治二四（一八九一）年刊行の『活青年』を明治二六（一八九三）年に再版するが、初版本では一節でしか用いていない修養を、再版本の序文において「金銭と脳汁とを以て学問を買ひ、其買ふたる学問の為めに却て自ら俗殺」される青年がそこから脱することを「修養の方法」とまとめることで、同書の鍵概念の一つに位置づけている。(38)

（3）なぜ修養が必要とされたのか

では、「修養など言ふことを軽蔑し去らんとするの傾き」に抗して松村に修養を説かしめたのはいったい何だったのだろうか。

松村は、明治二三（一八九〇）年秋から順次進められた学校での「教育ニ関スル勅語」（以下、勅語）の奉読という極めて形式的かつ画一的な徳育方法に対して、強い疑問を抱いていた。明治政府は、明治一〇年代初頭から続く知育偏重・徳育軽視を批判する風潮の中で[39]、明治二三年に勅語を発し、その翌年には小学校祝日大祭日儀式規程を制定するなど、学校現場で勅語奉読を儀式として実施させることに力を注いでいた[40]。

しかし、そのやり方は末端の学校現場でそのまま受け入れられていたとは言えず、少なくとも明治二〇年代半ばにおいては、学校に配布された勅語謄本はまだ神聖なものとして扱われていなかったのが実態である[41]。そもそも、勅語自体がメディアで大きな話題とされることはなかった。確かに、内村鑑三のいわゆる「不敬事件」と、それに続く「教育と宗教の衝突」をめぐる論争は、『六合雑誌』などの誌上を賑わせた。しかし、雑誌『日本人』、『国民之友』、『少年園』、『女学雑誌』では、勅語そのものに関する議論はほとんど展開されていない。もちろん、だからといって勅語の内容に反対する議論が起こったわけではなく、勅語の内容はあらゆる論者によって全面的に受け入れられていた。ただ、これらの雑誌には、勅語が発布された際に勅語の全文が雑誌に掲載されただけであり、その内容や重要性についての論考は皆無に等しく、勅語はほとんど注目されていなかったと言えるだろう。

このような状況下で、松村は勅語の内容を全面的に支持しながらも、その活用方法について『我党の徳育』で以下のように苦言を呈している。

茲に一大問題の遺るあるなり、即ち吾人は如何にして此の真理、此の公道、此の尊重なる勅語を躬行実施するの人たるべきか、如何にせば学生をして此真理、此公道、此尊重なる勅語を躬行実施し得るの人たらしむべきか、茲に此一大問題の遺るあるなり[42]。

要するに、勅語を奉読させるだけでは、その内容を生徒自らが「躬行実施」するようにはならないということである。

続けて松村は、勅語を奉読させているだけの学校教育現場を以下のように嘆く。「重きを実徳の修養に置かずして、而して之を儀式におき、滔々たる児童をして空しく偶像拝者の如くならしめんとす[43]」。このように、勅語を単に奉読しただけではその精神が備わらないことが主張され、「儀式」

という形式的徳育の代替としての役割が、修養に期待されていた。松村が求めている人物が勅語の内容を自ら実行する者であったことからすれば、この修養には「自ら」「能動的」「主体的」という意味が暗黙のうちに含まれていることがわかる。つまり、修養は勅語の教えを浸透させるための方法として期待され、そこには能動的に勅語の教えを自ら会得していくというニュアンスが込められているのである。

このことを確認するために、『我党の徳育』の他の箇所での修養の使用例を見てみよう。「只管斯の道を修養自得するを勉めたるのみ」、「一己一人に於ける自家修養の相談もあるべし」、「品性の修養を志し、自ら進んで真正の人物たらんことを期する」(44)。「修養自得」「自家修養」という言葉に象徴されるように、修養とはあくまで自主的な実践であることが強調されている。松村は『我党の徳育』全体を通して、大きな人生目標を持たず時流に流されてばかりいると考えられていた青年に対して、「自奮自励自修自学」の大切さを説いている。まさに、当時松村の目に形骸化しつつあると映った徳育（その最たる例が勅語の儀式）に対する代替として、すなわち教育者が「教え育てる」のではなく、被教育者が「修め養う」こととして、修養が説かれているのである。

（4）松村と蘇峰

では、松村以外の論者はどうだったのだろうか。同時期に蘇峰は、『国民之友』誌上で小学校の教育内容として「労作教育」の必要性を説いている。蘇峰が説く「労作教育」とは、具体的には、「小学校内に自治制を布く事」、「学校に関する力作の事」、「寄宿舎を設る事」、「家庭に於ける労役」、「学校に於て手工科を設る事」、「課業外の時間を利用して、以って労作的の気風を養成するに在り」、以上六点に集約されている[45]。その上で蘇峰は、「労作教育」の内容を以下のようにまとめている。「労作教育の要は、其心に於て労作の重んず可きを知らしむるのみならず、其一身に於て、労作を愛好し、労作に耐え、自から労作的人物と成らしむるを以って、目的と為ざるべからず[46]」。すなわち、蘇峰の「労作教育」とは、労作の重要性を「知らしむる」だけでなく、学習者が「自ら労作的人物と成」ることが最終的な目的なのである。そしてその結果、「労作教育とは、児童をして智、徳、体育に、無限の効を及す[47]」と説く。その上で蘇峰は、以下のように「儀式的教育」を批判する。「此の労作教育をして、所謂儀式的教育たらしむると、実用的教育たらしむると、則ち其教育を活かすと殺すとは、渾て小学教員其人に在りて存す。凡て規則の上に於て作為したる教育は、何の効も無し[48]」。

以上のように、形式的な教育方法を批判する点で、松村と蘇峰は同じ立場をとっていたと言えるだろう。蘇峰は「労作教育」を説いた翌年、形式的徳育に代わる教育方法として「徳義の修養」を以下のように説いている。「我国民は智識を養ふに於て最勉励する者也、然れども徳義の修養に於て最も怠慢なる者也。少年が杓子定規に似たる、小学校の修身書を教へられて後、如何なる機会ありて彼等に徳義を修養せしむる乎[49]」。このように、「杓子定規に似たる」「小学校の修身書」は「教へられ」るものであり、それに対して「徳義」は「修養せしむる」ものと位置づけられ、小学校卒業後に「聖書」「西洋品行論」「英雄伝」を学ばずに「学生と称するものは知育のみに専らにして」いる状況を嘆く[50]。

以上のように、松村と蘇峰によって論じる対象として立ち上げられた修養には、形式的徳育に対する代替としての役割を期待されていた。松村と蘇峰以外にも、松村と同様にキリスト教系の論者と言い得る巌本善治[51]、横井時雄[52]などが形式的徳育の代替として修養を説いた論説を発表している。ただし、これらの修養はあくまで徳育の方法論として提示されているのであり、道徳の内容、すなわち修養して大人になり何を成し遂げるべきかということにまで踏み込んだ議論には至っていないことはあらためて確認しておかねばならない。むしろ勅語の出され方やその内容には全く批判的な立場をとっていないどころか、松村に明確なようにその内容を重んじるからこそ形式的徳育を排撃しようとしていること、すなわち明治二〇（一八八七）年に蘇峰が説いた新時代の革新的な建設者の出現が望まれているわけではないということに、注意しなければならない。

また、明治二六（一八九三）年の段階では、修養を論じるのはまだキリスト者に限られていた。この状況が変化し、様々な立場の論者によって修養が説かれる傾向が見られるようになるのは、明治二七（一八九四）年に始まる近代日本初の本格的な対外戦争である日清戦争を経てからである。

4　日清戦争後の修養

（1）修養の新たな説かれ方

日清戦争後、修養はその意味と論者において、新たな展開を見せる。

まず、先駆的に修養を論じていた松村における修養を確認しよう。松村は、明治二八（一八九五）年の日清戦争終結直後の論説において、「心霊の修養」の重要性を以下のように説いている。「心霊の修養、即ち己が人物の修養を後にして、而して徒らに、練句烹字博聞多学にのみ志すときには、即ち其文や軟弱其意や軽浮、而して其人や終に百科全書的の人となりて止まなん」[53]。ここで松村は、「心霊の修養」を「人物の修養」と同義とし、その修養を軽んじて技術や知識を身につけてもただの多学（「百科全書的の人」）に終わってしまうと説いている。

何が松村に、このような修養の重要性を説かしめたのだろうか。松村は以下のように続ける。

教育勅語は煥として発せられたり。然れども「道元無為要在人」我国のニュートンたるものは果して誰ぞ、吾人は我国なる修身教科書を閲みしたり、而して忠孝の教、勇義の道の盛んに説かれつゝあるを見たり。然れども如何に之をして活教活道たらしむべきか、是れ別問題なり。……吾人は確として信ず、欧米心霊上の大感化大陶冶、大修養は実に全く此間（日曜学校―引用者）より湧き出でつゝあるとを（傍点松村）[54]。

このように日清戦争後も、松村にとっては勅語や修身教科書に書かれている道徳をいかにして「活教活道」にするかが依然として乗り越えるべき課題であった。

では、なぜあえて心霊という当時としてもあまり馴染みのない概念を用いているのだろうか。当時の心霊は、mind や spirit の訳語と思われる用例が見られるが、松村はすでに『立志之礎』において mind または spirit の訳語として精神を用いているので[55]、この論説では松村が意識的に精神ではなく心霊を用いたと考えられる。

ここで想起すべきは、やはり『西国立志編』における修養の用例だろう。齋藤智哉の調査によれば、『西国立志編』における「修養」の用例は八箇所あり、そのうち四箇所が「心霊の（を）修養」で、「心霊」の原語は一箇所が mental、他の一箇所が mind、他二か所は cultivation と culture をそれぞれ「心霊を修養」、「心霊の修養」と訳している[56]。つまり心霊は特定の外国語の訳語である以前に、修養と不即不離の関係にある概念であった。ということは、松村がここで「心霊の修養」を用いたということは、ここで何か新しい思想を表明しようとしたのではなく、前述したような『西国立志編』で描かれた自己形成のあり方の復権を松村が日清戦争後も継続していたということを意味する。しかも『西国立志編』における「心霊の修養」は、書籍を媒介とした learning や knowledge よりも経験を通して獲得される wisdom や understanding に価値を見出す文脈で使用されており[57]、いわんや形式的・画一的な徳育などは論外ということになる。

ただし、この論考には日清戦争後という時代性を帯びた論調も見られる。

> 戦後の心霊界は果して如何になり行くべきか。是れ亦た一大問題たるべし。想ふに動物的勇気《ブルータルカレッヂ》は頗る奨励せられ来るべし、然れども心霊界の消息は果して如何。功成て誇らず、事定て勇退す。是れ真正愛国者の為すところ。然れども是れ又心霊上の修養なくんば能はざるものとす。兵士は睥睨して帰り来り、軍夫は肩を怒らかして闊歩往来すべし。此の時に当りて之を制する

ものは何物ぞ（傍点松村）。[58]

以後このような、戦後だからこそ驕り高ぶる気持ちを制するに足る精神面での修養が必要だという主張が、この論説が掲載された雑誌『太陽』などでさかんに展開された。[59]

（2）新たな修養論者たち

重要なのは、このような役割を期待された修養が、日清戦争後にはキリスト者に限らず様々な論者によって説かれるようになったことである。

例えば『教育時論』には、「古語、古文をのみ是尊びて、事実、実物の如何を問はず、これのみを以て、子弟を教へんとするが如き」「形式的教育」を攻撃し、「心力」の「修養」、「知力の修養」、「道徳の修養」を説いた社説が掲載されている。[60]

また、後に高等師範学校で近代日本における理科教授法の基礎を形成する棚橋源太郎が、初めて自然愛の養成を目的とした理科教授法を発表した際に問題としたのは、「一切ノ学校事業ヲ以テ児童ガ後日其生業ニ従ヒ実務ヲ事トスルノ時ノ準備ト心得直ニ其際ノ実用ニ適スルガ如キ知識技術ヲ授クルコトヲ以テ唯一ノ大目的ナルガ如クニ考ヘシムル[61]」教育であり、そのような教育を克服するために提示したのが、「憐憫同情」「友情」「美ヲ愛シ喜ブ心情」などの「情緒」を「修養」する教育[62]、すなわち「修養的教授主義[63]」の教育であった。

中でも、松村と同様に形式的教育を真っ向から批判していた教育ジャーナリスト久津見息忠《そくちゅう》(蕨村《けっそん》)[64]が、日清戦争後に修養を国民形成の要として説いたことは注目すべきである。久津見はヘルバルト教育学を批判的に検討する中で、以下のように述べている。「元来科学教育は人に知識芸術を授くるの教育にして、精神を高尚にし、品性を修養するを目的とするものにあらず、故に維新以来此種の教育を以て養ひたる今日の社会の人心は、即ち精神的ならずして芸術的なり[65]」。このように、久津見は維新以来の教育を「芸術的」、すなわち知識技術中心であると指摘する。続いて、「道徳」の「修養」、「精神」の「修養」、「興味」の「修養」、「品性」の「修養」を論じ、ヘルバルト教育学の価値はこれらの修養を教育の本質とした点にあるとして、そこにこれからの日本の教育のあるべき姿を見出している[66]。

では、それらの修養は最終的に何を目指すのか。久津見は、「国民の修養」を「即ち国民を造るてふ理想の実現」と位置づけ、

今や我国民は戦後の経営として、為すべきの事業山積啻ならざらん、然れども、国家は完全な

る国民を得て、而して、成長発達す、国家にして永久の生命と光栄とを冀はずんば已まん、苟も然らずして、光栄を増し、永存を期せば、即ち国民の修養は、何等の経営よりも先にせざるべからず、国民を造るてふ理想の実現は、何事よりも先ならざるべからず[67]（傍点久津見）

と述べる。このように、久津見にとって「国民の修養」とは「国民を造る」ことであり、「国民を造る」ためには、開化期以来の知識技術中心教育から精神面での国民形成、すなわち修養への転換が必要だと説いたのである。

以上のように、松村と久津見に共通するのは、修養を本来の教育として説くにとどまらず、戦後の国民形成にとって道徳、精神、品性などの修養こそが重要であるという立場であった。では、同時期に蘇峰はどのような論を展開していたのだろうか。

（3）日清戦争後の蘇峰

蘇峰は、日清戦争後も政治熱冷め遣らぬ論調で「少年の老人化」を嘆き[68]、「大日本の青年」に向かって「大日本膨張」の「鞭撻者」たれと説く[69]。「地方青年」に向けて「日本国民」として「時務的知識の修養」を説く論説[70]では、「十年前の青年は、政談に走り、遂ひに壮士に堕落したるもの多し。当今の青年は、実業を口にし、遂ひに無気力、無精神の俗物と化了するもの尠からず[71]」と言い、その内容はもはや愚痴に等しい。しかもそこでは、明治二〇（一八八七）年頃のような将来の建設者としての〈青年〉の姿は薄れ、むしろ「翻て考るに当今二個の流行病あり、一を贅沢熱と言ひ他を空想熱と言ふ。動もすれば未来の国民たる青年を煩殺しつ、あり[72]」と状況を分析している。「未来の国民」とは、現在の国家体制を所与のもの、変更不可能なものであることを前提とする国民であり[73]、〈青年〉は既存の国家体制を維持する存在、明治二一（一八八八）年の段階で木下広次がいわゆる「籠城演説」（第二章参照）で説いていた〈青年〉に類する存在へと完全に変容していた。

この変容の背景には、日清戦争開戦直前の蘇峰における明治維新観の変化があった。すなわち、蘇峰にとっての明治維新が革命から開国へと置き換えられ、それに応じて第二の維新が「知識世界第二ノ革命」から「大日本膨張」へとその内実が変更されたのである[74]。その結果、かつての「新日本の青年」がここでは「大日本の青年」に置き換えられ、「大日本の青年」には「新日本」の建設ではなく「大日本膨張」の「鞭撻者」たるべきことが期待されたのである。

一方蘇峰は続けて、「実業を口にし」、「無気力、無精神の俗物と化了」した「青年」、「贅沢熱」や「空想熱」に感染した「青年」に向かって、世上一種の論客あり、青年を戒めて曰く、己が衣食すら自から給する能はざるに、天下の経綸抔とは、以ての外の事なりと。吾人固より其の至論たるに敬服す。然れども日本国民の特性は、己の衣食を憂へずして、天下の安危を憂ふる、非論理、不秩序的の中より胚胎せられ、修養せられ、発揮せられつゝあるとを忘る可らず。我が日本国が極東の一強国として、世界に立つも、要するに国民間に於ける、此の精神の活動に外ならず(75)

と、自分の生活を案じることを忘れて「天下の安危を憂ふる」ような人物を称え、その精神こそが必要だと説く。つまり、蘇峰にとっての〈青年〉はあいかわらず「立志の青年」であったのだが、その「志」の内実からは新時代の建設という要素が失われ、しかも「非論理、不秩序」という蘇峰自身が批判してきたまさに壮士的なるものを要求するに至っている。

このように、蘇峰の青年論はあいかわらず政治的であるのに加えて、論理的に完全に破綻していた。その破綻した青年論において修養を説いてはいるものの、そこで蘇峰は青年の精神にまでは注意を払わず、よって修養を主題として論じることもなかった。詳しくは次章で述べるように、明治三〇年代に雑誌『中学世界』や『太陽』において修養が論じられていくのだが、蘇峰の姿はもはやそこにはない。政治的主体としての〈青年〉を説き続け、その内実が論理的に破綻し、かつ〈青年〉の精神面をいかに構築するかという日清戦争後に主流となった論調へと移行しなかった蘇峰は、結果として日清戦争後をもって青年論の論壇から退却することになったのである。

5　成立期における修養の歴史的意義

(1) 修養の特徴

以上のように、日清戦争後、明治三〇（一八九七）年頃には、論者によって目指す国民像が異なるものの、青年に向けて将来国家の構成員として国家に資する人物となるための準備段階として修養せよと説いている点では、あらゆる論者が一致している。修養は、明治二〇年代半ばに主題として論じられるようになって以降、日清戦争後に国民意識の形成が進む（序章参照）中で、国民となる準備段階になすべき実践として、幅広い論者によって説かれるようになったのである。

明治三二（一八九九）年、修養論の先駆者である松村は、『立志之礎』の続編として、雑誌『三籟』廃刊以降の自らの思想を集大成した『修養録』を刊行した。前述したように、この『修養録』が日本初の修養書であり、そこには、明治二〇年代後半の修養論の多くが有していたいくつかの特徴がみられる。そこで本節では、同書で説かれている修養の特徴を浮かび上がらせることで、明治二〇年代半ばから明治三〇年代初頭にかけて修養がいかなる概念として成立したのか、一定の結論を導き出したい。

まず、他者の助けや儀式的な行為を避け、自分の力で内面から成長することを要求する点である。この点は、そもそも修養が形式的徳育の代替として立ち上げられ、明治二六（一八九三）年に修養論が誕生したことが、最もよく物語っている。また、内面からの成長を目指す修養は誰にとっても実践可能であり、このことは、修養が後に実に様々な立場の者によって説かれるようになったことの必要条件と言えるだろう。

例えば松村は、「修養立志の一段」(76)として志すべき「道」を、以下のように説いている。

> 然即道とは何ぞ、孔孟の道か、釈老の道か、抑々又た基督の道か、曰く否、道は近く汝の心に在り、漢土に往て孔孟を尋ぬる勿れ、印度に至て釈尊を訪ふ勿れ、将又た樺太の僻遠に基督耶蘇を求むる勿れ、孔老基釈尽く汝の心に住す。然りと雖ども斯道や、磨かずんば輝らず、修めずんば顕はれず(77)

ここでは「道」の修得が内発的であるべきことが説かれており、そのための様々な行いが修養とされている。ゆえに『修養録』では、「信仰」、「智術」、「神魂の発現」としての「詩歌」「演説」「音楽」「書画彫刻」「読書」「処世」などが、修養として説かれている。また、松村は修養に励むべき年齢を、「七八歳乃至十四五歳」「十四五歳乃至廿歳」「廿歳乃至廿七八歳」「三十歳乃至四十歳」[78]と、学校階梯を完全に無視した年齢段階で区切っており、このことからも修養が学校教育とは関係なく独力でなされるものであると考えられていたことがわかる。この年齢段階では、「十四五歳乃至廿歳」が松村の表現では「少年」であり、「廿歳乃至廿七八歳」が「青年」となっている[79]。また、松村は三〇歳以降の修養の重要性も説いているが、主に修養を説いているのは「少年」と「青年」の時期であり、「人物の価値は三十歳前後に於て概ね定まる[80]」とされている。

第二の特徴は、精神的な面がやたらと強調されている点である。

精神についての語りは抽象的になりやすく、そこで用いられる概念には様々な解釈が生じやすい。ゆえに、あるべき姿を示すよりも、あるべきでない姿や人生の失敗例を具体的に提示することで修養を説こうとする方向に傾きやすくなるのだろう。例えば、松村は上記「十四五歳乃至廿歳」の時期について、「最大切要の時限とす、龍たるか、蚓《みみず》たるか、男子一生の浮沈、実に此間に決するものあらんとす[81]」と述べているのだが、この時期に何をすべきかということはほとんど説かれておらず、何をしてはならないか、またはどうなってはならないかということと、その状態に陥らないための手段が説かれ続けている。[82]

その結果、修養は常に曖昧で抽象的な概念となり、修養を積んだ後の最終到達点も曖昧なままであるか、もしくは到達不可能なレベルに設定されることになる。これが第三の特徴である。その帰結として、松村の言う修養の最終到達地点、すなわち「修養の堂奥」は、「口以て言ふべからず、形以て状する能はず、人の自らここに至るに非ずんば悟る能はず、又得る能はず[83]」と、到達した人物にしかわからないものに設定されることになる。

以上のことを集約すれば、成立期の修養の特徴は、以下のようにまとめ得る。

修養は、青年に内面からの成長を促す概念であり、その内実は非常に曖昧で、精神面が強調される。ゆえに、最終的な到達点を具体的に提示できていないか、もしくは、到達不可能なレベルの「英雄」や歴史上の人物、自分の役割を堅実に果たした平凡な人物などの〈青年〉時代を語るにとどまる。しかしその一方で、修養は概念の曖昧さゆえに様々な論者によって説かれたのであり、その結果、青年をあるべき〈青年〉へと内発的に自己形成させる駆動装置として成立したのである。

ここに言う駆動装置とは、権威を内面化し、外界からの動機づけがなくても自己形成に勤しむ志向のことである。この権威の内面化については、北村三子が以下のように端的に論じている。

精神の自動化とは、精神工程の初めに服した外的な権威から自立するということであるが、それは、権威から自由になるということではなく、それを内面化し、それに従って自発的に自己に働きかけることができるようになること、権威者がいなくてもいるのと同様の効果を生むようになることである。子どもと大人の間に新たな段階が生み出されたのである(84)。

北村は、このように「精神の自動化」を獲得し、「権力者がいなくてもいるのと同様の効果を生むようになる」ことが、「子どもと大人の間に新たな段階」、すなわち青年になることであると論じる。しかし、その「精神の自動化」がいつ、誰によって、どのように押し進められていったのかという肝心の問題を問うていない。本章でここまで論じてきたように、修養こそが北村の言うところの「精神の自動化」を駆動させる装置であった。このような修養は、明治二六（一八九三）年からキリスト者によって形式的徳育の代替として説かれるようになり、日清戦争後の明治三〇（一八九七）年頃には様々な論者によって説かれ、本節で述べた特徴を持つ概念として成立したのである。

(2) 修養と〈青年〉

以上、本章では、〈青年〉の自己形成概念として修養が論じられるようになったプロセスと、修養がどのような概念として成立したのかを、明治二〇年代半ばから明治三〇年代初頭にかけてを対象に分析してきた。

修養は、訳語としては明治初期から用いられていたが、明治二六（一八九三）年からは、キリスト教系論者、特に松村介石によって、形式的な徳育に対する代替として説かれ始めた。そこで説かれた修養には、当時の学校教育には取り入れられなかったこと、すなわち個人の内面的な道徳形成や、精神への配慮、世界史上における英雄の生き方から学び自己研鑽に資することなどが盛り込まれた。ゆえに、前章との関連で考えれば、このような特徴をもつ修養は、立身出世を主義とする「学生」を仮想敵として説かれてきた〈青年〉にとって、親和的な概念だった。

ただし、修養することによって期待されたのは、明治二〇年代初頭の〈青年〉のような将来の国家改革者の誕生ではなかった。〈青年〉の将来像はあくまで国家を支える国民（臣民）であり、それは勅語の教えをいかに徹底するかという問の中で修養が論じられたことからも明らかである。つまり、少なくとも日清戦争以前の修養とは勅語の精神を活きたまま内面化し、かつその精神を発揮するための実践であった。

日清戦争後には、修養論者はキリスト者に限らず幅広くなり、戦後の国民形成論の文脈で修養が説かれるようになった。当然ながらそこで目指された存在も、国家を変革させる主体ではなく、国家を支える国民であった。[85] そこで語られた修養は、「自ら」「能動的」「主体的」な自己形成、内面からの自己形成で特に精神面を強調、プロセス重視であり最終到達地点が不明確、という三つの特徴を有しており、およそ三〇歳までの重要な自己形成として位置づけられたのである。

このように、修養が当時の学校教育批判の文脈で説かれるようになり、しかも立身出世ルート＝帝国大学を頂点としたピラミッド型学校階梯を無視した自己形成として青年に説かれたことは、〈青年〉とその学校階梯を順調に歩む「学生」とは依然として棲み分けられていたことを意味する。しかし、そこで青年に向けられていた眼差しは、将来の国民として期待する眼差しであり、この点においては「学生」と共通していた。つまり、修養の成立により、学歴エリートコースを歩む者以外でも将来の国民として期待の眼差しを受ける〈青年〉へと自己を自発的に形成し得るようになったのである。

注

（1）　ただし、「研究と修養」の略語である「研修」は、今日でも社員教育や教師教育として生き続けている。

（2）　宮川透『日本精神史の課題』紀伊國屋書店、一九七四年、一二九頁。なお、詳しくは本章で論じるが、修養論が誕生したときにそこにはまだ「禁欲倫理」という意味合いは込められていなかった。

(3) 筒井清忠「修養主義の説得戦略」社会学研究会『ソシオロジ』第三六巻二号、一九九一年一〇月、一二一―一二二頁。

(4) 筒井清忠「近代日本の教養主義と修養主義――その成立過程の考察」『思想』第八一二号、一九九二年二月、一五八―一六〇頁。

(5) 前掲「修養主義の説得戦略」一二二―一二六頁。

(6) 前掲「修養主義の説得戦略」一二一頁。

(7) この他、修養に関する既往の研究は、すでに小室弘毅が的確にまとめている(小室弘毅「『修養』に関する研究動向」修養研究部会編『人間形成と修養に関する総合的研究(野間教育研究所紀要 第五一集)』野間教育研究所、二〇一二年、一三一―一二一頁。

(8) 三枝博音「『修養篇』の解説」『日本哲学思想全書 第十六巻 修養篇・茶道篇』平凡社、一九五六年、七頁。

(9) 王成「近代日本における〈修養〉概念の成立」国際日本文化研究センター『日本研究』第二九集、二〇〇四年一二月、一四一頁。

(10) 西村茂樹『徳学講義 第六冊』哲学書院、明治三二年、一―五頁。

(11) 明治三年冬の刊行であることは確実だろうが、西暦に変換すると一八七〇年か七一年かは定かではない(岡本洋之「S・スマイルズら英国人が中村正直訳書を通して五日市憲法草案関係者に与えた影響――千葉卓三郎(一八五二―八三)の教育論を中心とした考察」教育史学会第六〇回大会研究発表、二〇一六年一〇月一日、於横浜国立大学)レジュメ六頁。

(12) 竹内洋『立身出世主義　増補版』世界思想社、二〇〇五年、二一九頁の図「明治期における修養読本刊行点数」。
(13) 以下、修養書とは、修養という言葉を主題または副題にした書籍を指す。
(14) 松村介石『修養録』警醒社、明治三二年。
(15) 前掲『修養録』九頁。
(16) 前掲『修養録』自序一頁。
(17) 松村介石『立志之礎』警醒社、明治二二年。
(18) 昭和女子大学近代文学研究室『近代文学研究叢書　第四五巻』昭和女子大学近代文化研究所、一九七七年、二八五頁。
(19) 前掲『立志之礎』一頁。
(20) 前掲『立志之礎』一五―二一頁。
(21) 看雨道人「序」前掲『立志之礎』三頁。看雨道人は村田看雨（峰次郎）、引用は看雨が松村について述べた箇所。
(22) 前掲『立身出世主義　増補版』一二頁。
(23) 松村介石『阿伯拉罕倫古龍』警醒社、明治二三年。
(24) 前掲『阿伯拉罕倫古龍』自序三頁。
(25) 前掲『阿伯拉罕倫古龍』題詞。
(26) 『西国立志編』から読み取ることのできる中村の思想及び修養概念については、田嶋一『〈少年〉と〈青年〉の近代日本――人間形成と教育の社会史』東京大学出版会、二〇一六年、一八九―一九九頁を参照。

（27）松村介石『我党の徳育』警醒社、明治二六年。

（28）松村介石と戸川残花による共同編集の月刊誌。明治二六（一八九三）年三月創刊。主に松村が説く「天道」「人情」「実力」を広めることに目的が置かれたが、文学作品も多く掲載されている。松村は毎号精力的に寄稿し、他の寄稿者は志賀重昂・山田美妙・植村正久・北村透谷・三宅雄二郎・尾崎紅葉など当時の著名人が揃っていたが、翌年一月発行の第一〇号で廃刊。同誌の文学史上の意義は、尾西康充「北村透谷と松村介石――雑誌『三籟』をめぐる考察」三重大学日本語学文学研究室『三重大学日本語学文学』第一〇号、一九九九年六月、一二三―一三八頁を参照されたい。

（29）松村介石『信仰五十年』大正一五年、道会事務所、一四七―一四八、一五三―一五六頁。『信仰五十年』は後世に書かれた自伝だが、その記述を裏付けるようなキリスト者による同時代的評価が確認できる（前掲「北村透谷と松村介石――雑誌『三籟』をめぐる考察」一二四―一二五、一三一頁）。

（30）キンモンス、E・H、広田照幸・加藤潤・吉田文・伊藤彰浩・高橋一郎訳『立身出世の社会史』玉川大学出版部、一九九五年、一〇九頁。原著は Earl H. Kinmonth, *The Self-Made Man in Meiji Japanese Thought: from Samurai to Salary Man*, University of California Press, 1981.

（31）市谷隠士「修養論」『三籟』第九号、明治二六年一二月、一三頁。市谷隠士は松村の号。

（32）前掲「修養論」一二〇頁。

（33）横井時雄「道徳の修養に於ける社交の勢力」横井時雄・原田助『日本の道徳と基督教』明治二五年、警醒社、六四―六五頁。

（34）前掲「道徳の修養に於ける社交の勢力」六五頁。

(35) 前掲「道徳の修養に於ける社交の勢力」六六頁。
(36) 木村直恵によれば、当時「少年」として語られた表象は、〈青年〉がより脱政治化され大人への「準備段階」としての実践が強調された存在であり、「少年」と〈青年〉との年齢的な差はほとんどなく、『少年園』が読者対象とした年齢層は高等小学校に通う一〇歳くらいから中学校に通う一七歳くらいまでの「少年」であった（木村直恵『〈青年〉の誕生――明治日本における政治的実践の転換』新曜社、一九九八年、二八二―二九五頁）。
(37) 鈴木力「男児唯宜しく己を恃む可し」『少年園』第五巻第五三号、明治二四年一月三日、三―五頁。
(38) 鈴木力「再版序」『活青年』明治二六年増補再版、博文堂。なお鈴木が本文で説いている修養は、「実益」のための上滑りの読書ではなく「書の精神を我に吸収する」「深解熟諒」をともなった読書のことであり（前掲『活青年』七四―七五頁）、「再版序」ではこの修養がより一般化されている。
(39) 海後宗臣『教育勅語成立史の研究』東京大学出版会、一九六五年、三七三―三九九頁。
(40) 佐藤秀夫『教育の文化史一　学校の構造』阿吽社、二〇〇四年、一五四―一五六、一九一―一九九頁。
(41) 籠谷次郎『近代日本における教育と国家の思想』阿吽社、一九九四年、一〇二―一三〇頁。
(42) 前掲『我党の徳育』一二頁。
(43) 前掲『我党の徳育』一三頁。
(44) 前掲『我党の徳育』五―九頁。
(45)「労作教育」『国民之友』第一三三号、明治二四年一〇月一三日、三―五頁。「力作」とは、校舎の清掃や校内庭園の草むしりのこと。

(46) 前掲「労作教育」六頁。
(47) 前掲「労作教育」六頁。
(48) 前掲「労作教育」七頁。
(49) 「学生の気風」『国民之友』第一六七号、明治二五年九月二三日、四頁。
(50) 前掲「学生の気風」五頁。
(51) 巌本が著した社説、「主動者之至誠」『女学雑誌』第三二八号甲の巻、明治二五年九月二四日、一―三頁。
(52) 横井時雄「現今の徳育法を評論し併せて当路者に一策を建す」『六合雑誌』第一四八号、明治二六年四月、一―六頁。
(53) 松村介石「明治の心霊界」『太陽』第一巻第五号、明治二八年五月五日、二九頁。
(54) 前掲「明治の心霊界」三一頁。「道元無為要在人」とは、道とは本来「無為」であるので人物こそが必要である、という意味。
(55) 前掲『立志之礎』一一四―一二七頁。
(56) 齋藤智哉「中村正直（敬宇）における『修養』」（日本教育学会第六七回大会一般研究発表、二〇〇八年八月二九日、於佛教大学）レジュメ二頁。
(57) 前掲「S・スマイルズら英国人が中村正直訳書を通して五日市憲法草案関係者に与えた影響――千葉卓三郎（一八五二～八三）の教育論を中心とした考察」資料二―五頁。
(58) 前掲「明治の心霊界」三二頁。
(59) 「所謂戦後の教育」『太陽』第二巻第八号、明治二九年四月二〇日、一六五頁、思椀房主人「幸福なる少年」『少年世界』第一巻第一六号、明治二八年八月一五日、五九―六〇頁、など。
(60)「再び形式的教育の弊を論ず」『教育時論』第三九一号、明治二九年二月二五日、五―八頁。
(61) 棚橋源太郎「高等小学理科教授論」『国家教育』第四二号、明治二八年九月、二三頁。この論考は明治二八（一八九五）年九月から翌年二月まで同誌「教授法案」欄にて連載された。棚橋及びこの連載の意義については、林潤平「明治期理科教育における自然愛の養成という教育目的の語られ方――棚橋源太郎の理科教授論の分析を中心に」教育史フォーラム・京都『教育史フォーラム』第九号、二〇一四年五月、七―八頁を参照。
(62) 棚橋源太郎「高等小学理科教授論（承前）」『国家教育』第四六号、明治二九年一月、三四―三五頁。
(63) 前掲「高等小学理科教授論」二五頁。
(64) 久津見の教育思想については、雨田英一「久津見蕨村の教育思想――その国家教育思想」東京大学『東京大学教育学部紀要』第二〇巻、一九八一年二月、二五九―二六七頁を参照。
(65) 久津見息忠「ヘルバルトの教育学に関する所見」『太陽』第二巻第六号、明治二九年三月二〇日、一六二頁。なおここにおける「芸術」とは、佐久間象山『省諐録』における有名な「東洋道徳西洋芸術」と同じく、技術という意味。
(66) 久津見息忠「ヘルバルトの教育学に関する所見（承前）」『太陽』第二巻八号、明治二九年四月二〇日、一五八―一六三頁。
(67) 久津見息忠「真誠なる国家教育」『太陽』第二巻第一五号、明治二九年七月二〇日、一六九―一七〇頁。
(68)「少年の気魂」『国民之友』第二七四号、明治二八年一二月一四日、一―二頁。

(69)「懐郷心を打破せよ」『国民之友』第二八〇号、明治二九年一月二五日、四―七頁。
(70)「地方青年の事業」『国民之友』第二八五号、明治二九年二月二九日、四―五頁。
(71)前掲「地方青年の事業」四頁。
(72)「質素の生活、高尚の理想」『国民之友』第二五五号、明治二八年七月三日、二頁。
(73)前掲「質素の生活、高尚の理想」三頁。
(74)隅谷三喜男『隅谷三喜男著作集　第七巻』岩波書店、二〇〇三年、二七七―二八五頁を参照。
(75)前掲「質素の生活、高尚の理想」四頁。ここでの「日本国民の特性」とは何か。蘇峰は、「其の位にあらずして、其の事を議するは、我が国民の特色也……質素なる生活、高尚なる理想、是れ日本国民を今日に維持し、且つ永く未来に膨張せしむる原動力と知らずや」(前掲「質素の生活、高尚の理想」二頁)と説いている。ゆえに、本文引用部にある「胚胎」「修養」「発揮」の主語・目的語がともに「日本国民の特性」となり、この引用文では〈青年〉がとるべき行動と最終到達点がともに不明確である。
(76)前掲『修養録』三頁。
(77)前掲『修養録』三頁。
(78)前掲『修養録』一一三―一四三頁。
(79)前掲『修養録』一二〇―一二五頁。
(80)前掲『修養録』一四三―一四四頁。
(81)前掲『修養録』一一五頁。
(82)たとえば松村は、「此間蹉躓するものに三種あり、一つは学資に窮するもの、一つは疾病に襲はるるもの、一つは放蕩に其身を溺らすもの是なり」と、この時期につまずく青年の類型化を行った上で、そうならないための具体的な行動指針を提示している（前掲『修養録』一一七―一二四頁）。

(83) 前掲『修養録』一二頁。

(84) 北村三子『青年と近代――青年と青年をめぐる言説の系譜学』世織書房、一九九八年、七二頁。

(85) ただし、日清戦争後に増加した修養論者は、修養論の文脈で勅語に言及することがほとんどなかった。この傾向は少なくとも明治三〇年代末までは続くのだが、この点に関する議論は第二期国定教科書の使用開始以後までを射程に収めた相当の準備が必要であり、ここでは控えたい。

第四章　〈青年〉らしく過ごす時期――「修養時代」の誕生

1　時代の変化と修養

（1）明治三〇年代前半という時代

本章では、主な考察対象を明治三〇年代前半に移し、そこで修養がどのように説かれたのか、そしてこの時期における修養が近代日本における〈青年〉に関してどのような意味を持ったのかを明らかにする。なお、明治三〇年代前半とは厳密に言えば明治三〇（一八九七）年から同三五（一九〇二）年を指すが、本章では三国干渉後の国民的対露敵愾心が一時冷却された明治三一（一八九八）年から日露開戦が決定的となった明治三六（一九〇三）年末までを一つの時代ととらえ、この期間を考察対象としたい。

本論に入る前に、明治三〇年代前半が〈青年〉の成立過程を考える上でどのように位置づけられるのか確認しておこう。

まず、中学校の生徒数が急増し、中学生が独自の文化を有する存在として社会的に認知され始めた時期である。つまり、すでに序章で論じたように、エリート予備軍たちが中学校で五年間過ごした上で高等学校、そして大学へと学校階梯を進むことが「あたりまえ」になった時期と言える。主な読者対象を中学生とした初めての雑誌『中学世界』が博文館から創刊されたのは、明治三一（一八九八）年である。『中学世界』の特徴は、関肇が的確にまとめているように、同じく博文館から発行されていた『少年世界』の購読後から総合雑誌『太陽』の購読者になるまでの間の「青年たちを学校教育に歩調を合わせて導いていこうとする」ところにあった(1)。

次に、文明開化期以来の教育が「知育偏重」だと批判され、かつ修身教科書をそのまま教えたり単に勅語を奉読させたりといったことが形式的徳育だという批判の声がより高まった時期である。そもそも「知育偏重」教育への批判は、前章でも触れたように明治一〇年代初頭における学制批判・明治一二（一八七九）年教育令批判に起源があるのだが、明治三〇年代前半にはそれがヘルバルト式の一斉教授法への批判という教育方法上の問題へと拡大した。このような教育思潮のもとで、樋口勘次郎や谷本富が独自の教育論を発表し、日露戦争後にはいわゆる「新学校」の設置が始まった。[2] すなわち明治三〇年代前半とは、明治末期から大正期に開花した新教育論の萌芽期にあたる。

第三に、これは第二の特徴と表裏一体なのだが、従来の教育が批判にさらされる中で、「注入主義」「詰込主義」という紋切り型の批判用語（対象を蔑むためのラベリング用語）が誕生した時期である。[3] これらの用語は、先に述べた新教育の萌芽とも言うべき思潮に依拠しているものの、「注入」「詰込」をただ非難するだけで、結局のところ新たな現実的・具体的定言には至らない。

（2）言説としての修養

以上のような特徴を持つ明治三〇年代前半を、修養の誕生期からブーム期への単なる過渡期と位置づけてしまってはならない。

というのは、前章で論じたように成立期の修養は、従来の教育を否定する文脈で青年に対して説かれたのであり、上記第一、第二にあげた時代的特徴の中で広く説かれた、まさに時代を反映する概念だったからである。その上、修養は論者によって都合のよい使われ方をされるという傾向があり、上記第三の時代的特徴をも内包している。

つまり、修養とは前章で述べた特徴を持つ概念でありながら、同時に明治三〇年代前半における教育思潮の特徴を反映して広まった教育言説でもある。以下、修養という言説に着目し、〈青年〉

のあるべき自己形成がこの時期にどのように語られたのかを明らかにしたい。

表4－1　書名もしくは目次に修養を含む書籍の刊行点数

年（明治）	書名	目次	合計
3	1	0	1
9	0	1	1
21	0	1	1
22	0	1	1
24	0	3	3
25	0	1	1
26	0	2	2
27	0	3	3
29	0	3	3
30	0	5	5
31	1	3	4
32	1	6	7
33	1	18	19
34	4	15	19
35	6	18	24
36	3	31	34

2　修養の語られ方

（1）誰が修養を説いたのか

日清戦争以降、修養は誰によってどれほど説かれたのだろうか。

修養書のおおまかな刊行点数を知るために、まずは目次検索が可能な国立国会図書館近代デジタルコレクションで、書名もしくは目次に「修養」を含む書籍の刊行点数を調査した（二〇一五年八月五日）。その結果が、表4－1である（刊行されていない年は省略・分冊は一冊としてカウント）。この表によれば、書名に修養を含む書籍は、明治三一（一八九八）年以降毎年刊行されてはいるものの、複数冊の刊行になるのは明治三四（一九〇一）年以降である。一方で、目次に修養を含む書籍は明治二〇年代後半から徐々に増加し、特に明治三三（一九〇〇）年と同三六（一九〇三）年に急増している。

まず、明治三三（一九〇〇）年刊行の、書名または目次に修養を含む書籍一九冊を概観しよう。著者に注目すると、前章で論じた松村の他に、近世思想史家足立栗園、教育学者中島半次郎、宗教学者姉崎正治、真宗大谷派の近角常観などが確認でき、そこに思想的に統一した傾向は見られない。前章で論じたように、日清戦争以前の修養が主にキリスト者によって説かれていたことに対して、日清戦争後には様々な立場の修養論者が登場していたことが、その背景にある。

次に論者の世代に着目すると、松村以外はすべて、明治生まれである。つまり、蘇峰が〈青年〉を説いた明治二〇年代初頭から松村が修養を説き始めた同二〇年代半ばにかけて、二〇歳前後の時期を過ごした者たちである。以上のことから、明治三三（一九〇〇）年に刊行された書籍で修養を説いた者たちには、思想的にまとまった傾向は有していないが、蘇峰や松村の読者層にあたる若い世代であったと言える。

（2） 修養はいつ・どれだけ説かれたのか

次に雑誌の記事・論説に注目したい。まずは明治三〇年代前半の雑誌の刊行状況を確認しておこう。一般向け雑誌では、明治二八（一八九五）年に『太陽』が創刊され、明治三二（一八九九）年に真宗本願寺派の雑誌『反省雑誌』から改称し次第に総合雑誌としての誌面に切り替わっていった『中央公論』が誕生している。生徒を読者対象とした雑誌では、博文館から明治二八（一八九五）年に『少年世界』、明治三一（一八九八）年に『中学世界』、明治三四（一九〇一）年に『女学世界』が相次いで創刊。教育者向けの雑誌では、同文館から明治三二（一八九九）年に『教育学術界』と『教育実験界』が創刊されている。

このように、教育関係の有力雑誌が明治三〇年代前半に多数創刊されたことから、同時期は「民間教育雑誌」創刊の「第二のピーク」[4]とされる。また、ともに明治一八（一八八五）年に創刊された教育雑誌である『教育時論』『教育報知』も健在であった。以下本章では、総合雑誌として『太陽』と『中央公論』、生徒を読者対象とした雑誌として『少年世界』と『中学世界』、教師向け雑誌として『教育時論』を史料として論じたい。

表4－2　修養に関する記事・論説件数

年(明治)	教育時論(1)	太　陽(2)	少年世界(3)	中学世界(4)	中央公論(5)	合計
27	2					2
28	2	1	1			4
29	6	9	1			16
30	8	1	4			13
31	4	4	4	2		14
32	15	2	0	9	3	29
33	13	3	1	4	4	25
34	14	5	1	15	6	41
35	27	7	0	19	9	62
36	32	4	0	17	8	61

注(1)　月３回の発行。
(2)　明治30-32年は月２回，他は月１回の発行。
(3)　明治28・32年は月２回，他は月１回の発行。
(4)　９月創刊，月１回の発行。
(5)　月１回の発行。

これらの雑誌において、タイトルもしくは本文中に「修養」を含み、自己形成を論じている記事・論説を、修養に関する記事・論説とし、その数を表４－２にまとめた（著作紹介などは含めない）。この表から、修養に関する記事・論説が明治二七（一八九四）年から同三五（一九〇二）年にかけて、多少の減少がありながらも全体ではゆるやかに増加していることがわかる。

明治二九（一八九六）年に説かれた修養は、前章で論じたように、日清戦争後の国民形成を論じる中でのあるべき自己形成であった。本章では翌年以降に着目したい。明治三〇年代前半の『教育時論』は全体的に初等教育に関する記事・論説が大半を占めていたが、明治三四（一九〇一）年までは修養はもっぱら中学生以上のこととして論じられている。『少年世界』は創刊当初は満六歳から一七歳程度を読者対象としていたが[5]、明治三一（一八九八）年に同じ博文館から『中学世界』が創刊されて以降は、読者対象の上限が中学一・二年程度（およそ一三～一五歳）までに絞られた[6]。その結果、それ以前に見られた修養を説く論説が[7]『少年世界』誌上で掲載されなくなる一方で[8]、『中学世界』では創刊当初から確認できる。その代表が、第二号に掲載された東京府立第一尋常中学校校長勝浦鞆雄の「中学世代に望む[9]」だろう。

『中学世界』で創刊号から修養が説かれるに至った背景には、明治三一（一八九八）年の段階ですでに中学生に修養が馴染みのある言葉になっていたということが挙げられる。例えば、同年から明治三六（一九〇三）年にかけての岐阜（尋常）中学校の校友会雑誌ですでに修養が論じられ、明治三四（一九〇一）年の松本中学校の尚学社学寮（自治寄宿舎）設立趣旨では修養が謳われている[10]。遅くとも明治三〇年代半ばには、修養が中学生の自己形成として一般的なものになってきていたのである。

(3) 修養はどのように説かれたのか

では、これらの著作及び雑誌では、どのような文脈で修養が説かれたのだろうか。雑誌の記事・

論説、及びタイトル・目次に「修養」を含むすべての書籍を確認すると、大きく二つに分けられる。一つは宗教者の著作や雑誌の宗教欄で説かれた修養である。[11] その思想的幅は宗教哲学から神霊的・神秘的なものまであるが、そこでは特に精神の在り方とその鍛錬方法として修養が説かれた。しかし、このような修養を説いた論説や著作は、明治三〇年代前半ではまだ少数であった。すでに筒井清忠が指摘しているように、宗教者が修養を本格的に説き始めるのは日露戦争後である。[12]

もう一つは、〈青年〉の日常生活における自己形成としての修養であり、「精神修養」や「品性修養」、さらに語学などの知育としての修養が説かれた。沢柳政太郎は、明治三〇年代初頭の教育論壇を踏まえた上で、「修養の機会」と題して以下のように述べている。

世間に精神教育とか品性陶冶とか言ふ論が中々やかましい。まことに教育は単に知識の一方に偏してはならぬ、精神の修練品性の涵養は最も大切のことである。然るに徳育論のやかましき割合に其方法に至りては未だ良法も唱へ出だされぬ、……吾々が求むる方法は通常の人により て通常の時機に行はるゝ様なるものである。余の見る所にては教育者も学生も徳性の涵養と言へば何か格段の妙法でもある如く考ふるのが抑々誤りの基であると思ふ。修養の方法は之を日常生活の中に行ひ得べきものでなければならぬ、又其修養の機会は日常生活の間になければばならぬと思ふ。而して修養の機会の如き之を日々の学校生活の内に見出すことが出来ると思ふ。教育者も又学生も修養の好機会を日々見逃しつゝあるにあらざるかと疑ふのである(13)

ここでは「精神教育」「品性陶冶」「精神の修練」「品性の涵養」を「日常生活の中に行」うことが「修養」とされている。このように、修養は陶冶や涵養とほぼ同義で用いられつつも、特に精神や品性を自ら主体的に形成するという意味で用いられた。また、語学などの知識を修めることも修養として語られていたが、沢柳が「精神の修練品性の涵養」を「修養」として語っているように、当時は目的語を持たずに単に修養と言った場合には「精神修養」「品性修養」とほぼ同義であった。

では、沢柳に「中々やかましい」と言わしめるまでに、なぜこのような修養が氾濫し、明治三〇年代前半が「修養の時代(14)」とまで言われるようになったのだろうか。そこで説かれた修養はどのような必要性から説かれ、何が強調されていたのだろうか。次節では、ここまで論じた内容を踏まえて、明治三〇年代前半における修養の広まりと説かれ方をより詳しく捉えていきたい。

3 学生風紀問題と修養

(1) 教師修養論の広まり

日清戦争後には、しばしば「学生の気風」が「虚弱」になりつつあることが問題とされていた。例えば、『教育時論』に掲載された「学生気風の一変」という論説では、「今日の学生」が「志望卑近に、挙動優柔に、身体虚弱」になったことが「気風」の変化として問題視され、同じく『教育時論』の社説「社会の俗化」では、「教師より学生に至るまでの気風」が「卑きに就く」ことが嘆かれている。(15)

しかし戦後三年が経過する明治三一(一八九八)年になると、「学生の気風」にかわって「学生風紀」の「廃頽(頽廃、頽敗)」が問題とされ、その原因や改善策が論じられるようになる。「学生」といっても、当時もまだ明治二〇年代初頭と同様に、帝大生や専門学校生のことに限らず中等教育以上の生徒・学生のことを意味していた。この「学生」(以下、「」を略す)をターゲットとしたいわゆる学生風紀問題は、一種の中学生・師範学校生バッシングであり、明治三五(一九〇二)年以降は主たる対象が女学生へとシフトする。いずれにせよ実態としてそのような風紀の乱れがあったかどうかは定かではない。しかし、当時の新聞には様々な「風紀の乱れ」が見世物的に載せられ、雑誌にはこの「問題」について様々な見解が寄せられた[16]。また、学生風紀問題が論じられると同時に、明治二〇年代初頭からたびたび問題とされてきた学校紛擾（学校騒動）への批判も過熱し[17]、学校紛擾の方は女学校が舞台となることはなかったが、時には性質を異にするこの二つの「問題」が同じ穴の狢として批判されることもあった。

中でもこれらの問題を毎号のようにとりあげたのが、『教育時論』である。主な読者層として教師を想定していた同誌では、問題の所在を学生のあり方ではなく、もっぱら文部行政と教師の教育実践に求め、それらへの批判と意見提示がなされた。その批判の内容は、文部行政に対しては従来通り無策を嘆くものであるが、教師に対しては大きな変化があった。すなわち、従来は「師道」の欠如を嘆くというパターンが王道であったが[18]、学生風紀問題が論じられるようになった翌年の明治三二（一八九九）年になると、それに代わって教師の修養が頻繁に説かれるようになったのである。

例えば中島半次郎は、教師は「自己修養」だけでなく、「児童の模範となりて、児童を薫化すること」が必要であり、「教育者の修養は、通常人の徳行を研くよりも、倍以上の修養を要す[19]」と説く。従来の師道論と教師修養論との違いは、前者では失われた師道を復活させるべきと説かれたのに対し、後者では「感情」や「情愛」で学生を「薫化」し得る教師になるための修養が説かれた点にあった。以後『教育時論』では、少なくとも日露戦争開戦直前の明治三六（一九〇三）年までこのような教師修養論が説かれ続ける。

　では、教師に必要とされたのはなぜ師道ではなく修養だったのだろうか。その背景には、明治二〇年代末頃からヘルバルト流の教育が「注入主義」として批判されるようになり、その中で教師と学生との情での結び付きが必要とされてきたことがある。また、そこではしばしば学校紛擾が「注入主義」の弊害として語られ、明治初期以来の「注入的」教育方針を転換すべきと主張された。このような思潮のもとに、形式的徳育への代替として説かれていた修養が学生のあるべき自己形成として説かれ、さらに学生の修養を促す教師自身が修養せねばならないとして、教師修養論が誕生した。そこで理想とされた教師は、倫理学を学ぶことで品性などを修養した教師とされた[20]。

　このような教師修養論は、学生風紀問題を機にさかんに論じられるようになり、さらにそれと並行して、「精神的中等人士」育成のための普通教育としての中学校教育論で修養が説かれるなど[21]、教育に関連する様々な自己形成のあり方が修養として説かれるようになった。

（2）「修養時代」の誕生

学生風紀問題と学校紛擾が語られる際、前項で述べたように『教育時論』では矛先が教師に向けられたが、『太陽』と『中学世界』では主に学生のあり方が問われ、対策も彼らに直接メッセージを投げかける手法がとられた。そこでは、例えば『太陽』に掲載された論説[22]が、「学風校紀の壊乱」の原因を「制度教科の形式に執着して、而して其根底たり精神たる道義品性の薫陶を顧み」ないことにあるとして「品性の修養、道義の振摂」を説いているように、学生が行うべき実践として修養が説かれた。さらにこの論説では、「品性の修養、道義の振摂」が不十分である原因について、「一旦日清戦争起り、更に俄然として自己の世界的位置を覚識するに及びて、従来さなきだに動揺せし倫理思想に、更に一層の崩壊を増し来り」と述べ、最後に「是に至りて吾人は勢ひ日本主義の新運動に就きて一言せざるべからず」と日本主義を説いている。この論説はこれまで本書で見てきたような日清戦争後の国民形成論ではなく、明治三〇年代前半における倫理思想の「一層の崩壊」を問題としている。

また、帝国教育会会長であり学習院院長でもある近衛篤麿《あつまろ》は、中学生の風紀の乱れへの対策として、「修養時代」である中学生は「修業」と「蘊蓄」に徹すべきと論じている[23]。ここで近衛が論じている「修養時代」という概念は、明治三一（一八九八）年以降に主に『中学世界』誌上で、高山樗牛、井上哲次郎、大町桂月、国府犀東、上村左川などが用いている[24]。近衛の論説は、その嚆矢であった。これらの論説では、学生風紀問題に加えて学校紛擾や文学熱などが問題化され、青年が将来の準備以外の何らかの行動をとることを非難の対象とした。例えば、高山樗牛は以下のように述べている。「少年の時代は最も純粋なる意味に於ての修養時代なり。彼は尚ほ未だ事理に通ぜず、人世を解せず、世故の閲歴無し、彼れは独立して生活し得るものに非ず、独立の生活を得むが為の準備期に在るもの也」[25]。

このように、「修養時代」という言葉の登場は、ライフサイクルにおける一段階として準備期が設定され、その期間のあるべき自己形成の総称として修養が位置づけられたことを意味する。ただし、子どもと大人の間に準備期があるという考え方は、別段目新しくはない。第一章・第二章で論じたように、明治二〇年代初頭に〈青年〉は期待の眼差しを受け、将来の準備をすべき存在として説かれており、このような〈青年〉の姿は、明治三〇年代初頭でも理想として説かれ続けていた。例えば、日本中学校校長杉浦重剛が新年度を迎える青年に対して、すぐに成果を求めず「正当の順序」を踏み得るだけの「忍耐の気力」を要求しているのが典型だろう[26]。

むしろ、「修養時代」の新しさは以下の点にあった。まず、「修養時代」に行うべき自己形成として修養が語られることで、修養にこれまで以上に人生の準備期になすべき自己形成という意味づけがなされたこと。そして、学生を念頭に構築された「修養時代」が、学校階梯とは関わりのない用語であったからこそ同年代を生きる学生以外の青年にも適用可能であり、結果として学生ではない青年にも暗黙裡に学生をモデルとした修養が要求されるという修養論・青年論の枠組みが形成されたことである。このような枠組みは、「修養時代」誕生の翌明治三二（一八九九）年の未成年者喫煙禁止法制定をめぐる帝国議会衆議院での議論において早くも「修養ノ期間」として登場しており、[27]このことは「修養時代」という考え方の急速な広まりを物語っているだろう。

4 修養の氾濫と型の形成

（1）大町桂月が説く修養

「修養時代」の誕生と関連して、明治三二（一八九九）年には修養にもう一つ見過ごすことのできない質的変化が起こっていた。

前掲表4－2からは、同年以降、『教育時論』『太陽』『中学世界』『中央公論』で一貫して修養に関する記事・論説が増加していることがわかる。その内容に注目すると、修養は行為としてだけではなく、「修養ある人物」「修養を積める人」「修養なき人」「修養を怠る人」といった区分のもと、様々な型として説かれるようになっている。

例えば『教育時論』では、前節で確認したような教師修養論が説かれる中でこのような変容が見られ、論者には中島半次郎や三宅雄二郎（雪嶺）などがいる。[28] ただし『教育時論』以上に「型」としての修養が説かれたのが、『中学世界』と『太陽』であった。その代表的論者は、明治三三（一九〇〇）年から『中学世界』の「時評」欄を担当した大町桂月《けいげつ》である。

桂月は担当者に就任するにあたり、「文学の評論のみを草すべきに非ず、ひろく学問研究に資し、人物修養に資し」[29] と宣言している。その宣言通り、彼は「修養時代」を説きつつ、[30] 理想とする人物像を「修養ある人物」や「修養ある人士」として描いている。例えば「天真爛漫」とは何かを論じた論説[31] では、「修養あるもの」「修養なきもの」という表現を用い、「感したまゝ思ふたまゝに盲動する」のはもちろん、「強いてつくりこしらへ」たものも修養ではないとする。感じたことや思ったことをうまくコントロールして、かつ自然にふるまうことが重要であり、それを実践する者こそが「修養あるもの」だとした。別の論説では「修養ある人士」を、精神面に理想を持ち、貧富によって心身を動かされない人として論じる。[32] 明治三四（一九〇一）年以降に『中学世界』誌上で急激に修養論が増加しているのは、これらの桂月の論説によるのだが、桂月はそこではもはや学生風紀問題を論じるのでもなく、ただ理想とする人物像を「修養あるもの」として繰り返し説いている。

例えば、明治三〇年代に入り急速に普及しつつあった人格概念[33] を用いつつ、桂月は以下のように述べている。

愚痴は、未練とは兄弟分なり。思ひあきらむること能はずして、くよくよとかへらぬ繰言を言ふこと也。これも悟らざるの致す所にして、修養の足らざるに坐す。
今日の学問は、たゞ知識をひらくもの也。人物を磨く点に於ては、幾んど風馬牛也。されば今日の学者に人格の高潔なるものなく、却つて市井の間に侠骨の稜々たる者を見る。人物を磨かむとする者は、学問以外、別に身から修養する所なかるべからず。(34)

この論説では「悟らざる」「修養の足らざる」が連呼され、上記引用部のように愚痴までもが修養不足の結果として語られる。つまり、自身の至らなさ、特にそれが可変的な要素である場合にはその至らない原因を何の根拠もなく「修養不足」に求める言い回しが、平然となされているのである。(35)
続いて桂月は、学者に「人格の高潔なるもの」がいないと嘆き、その「人格」とは「男らしき」ことだとして以下のように述べる。

如何なることをか男らしきと言ふ。快活にして瀟洒、義に勇み、弱者をあはれみ、艱難に屈せず、死を恐れず、独立自尊、人を恃まず、人にすがらず、我思ふまゝに言ひ、且つ行ひ、顧慮せず、躊躇せず、運命に甘んじ、未練を言はず、愚痴をこぼさず。丈夫の態度はまさに此の如

くなるべき也[36]

ここでの「男らしき」とは、細谷実がすでに指摘しているように、桂月が創出した規範である。[37]上記論説では、その規範に感情を律する修養が融合され、「人格の修養」として説かれている。このような「男らしき」に基づいたパーソナリティが「人格」と呼ばれることは当時も他に例を見ず、「人格の修養」が「男らしき」ことと同一に論じられるのも桂月独自の語り口である。

(2) 修養のマジックワード化

このように見ると、桂月の論説は単なる規範の押し付けにすぎないのだが、しかしそこには当時の修養が内包していた重要な特徴がみられる。すなわち、このような規範の生産を支える修養も、既成の教育を批判するという文脈に常に立脚していたのである。[38]

当時の教育論壇では、既成の教育、すなわち「形式的」、「注入的」、「機(器)械的」な教育を否定しそれに代わるものを提示するというパターンが主流であり、ゆえにそのような教育を否定する用語として定着し、学生風紀問題への対策として説かれた修養は、誰からも否定されない一種のマジックワードになっていた。桂月はその修養を用いて既成の教育を批判するというパターンで持論[39]を展開することで、当時の時流に乗りつつ規範を生産していたのである。これは、誰にも否定し得ない「修養ある人物」として、前述の「男らしき」に象徴されるような理想とする型を提示していたということであり、ここでの修養はマジックワードであると同時に「殺し文句[40]」としても機能していた。

桂月が『中学世界』の主筆としての地位を確固たるものにし、毎月論説を著していた明治三六（一九〇三）年一月、同誌に「修養」欄が設置された。「修養」欄の設置は、管見の限りでは明治三三（一九〇〇）年一月の雑誌『警世』、明治三五（一九〇二）年一一月の雑誌『成功』に次ぐ。『中学世界』の「修養」欄では青年に向けて「品性修養」や「精神修養」、「成功」のための準備など様々な修養が論じられたが[41]、他者からの指導ではなく自発的になすべきこととして説かれた点は共通している。このような論説自体は「修養」欄設置以前からあり、特に目新しいものではないが、修養という新しいマジックワードのもとに〈青年〉の様々な自己形成が集約されたことは画期的であり[42]、そこに「修養」欄設置の歴史的意義があった。

5　「修養時代」の歴史的意義

本章では、明治三〇年代前半の修養について考察した。明治三〇年代前半の修養は、明治二〇年代半ばから引き続き、既存の教育を批判するものとして語られ、明治三一（一八九八）年からは主に学生風紀問題の予防策として説かれるようになった。その中で「修養時代」という、修養を積むべき〈青年〉のライフサイクルの一段階が設定され、その過程で「修養ある人物」などとして修養が型として説かれるようになった。

中学生が急増し社会的な注目を浴びた明治三〇年代前半に、修養が氾濫し、「修養時代」が語られ始めたことの歴史的意義は大きい。「修養時代」とは中学生に該当する一定の年齢層を指す概念であり、「修養時代を生きる者」が論じられるということは、中学生をモデルとしてその年齢層がひとくくりに論じられるようになったことを意味する。

確かに、そこで語られた修養の中身は、語る対象の階層や地域、中等教育機関への進学の有無などによって異なる。しかし、そのような様々な属性を持つ〈青年〉が、自分の置かれた現状に応じて修養に取り組むべき「修養時代」を生きる者と一括して把握されたことは、〈青年〉が単なる一定の年齢層という意味をより濃く持ち始めたことを物語る。(43) また、その「一定の年齢層」が学生風紀問題への対応から構築され、『中学世界』などでその学生の本来あるべき姿をモデルに修養が語られたということは、修養という〈青年〉らしい自己形成のあり方が学生をモデルとして語られるようになったことを意味する。第二章で論じたような〈青年〉と学生の棲み分けが崩されたのである。

明治三〇年代前半の青年が置かれた状況は、明治二〇年代に比べると大きく変化していた。すなわち、自由民権運動末期に見られた青年による雑誌発行などの政治的準備段階としての活動はもはや遠い過去のこととなり、帝国大学を頂点としたピラミッド型の学校階梯を進学していくことこそが立身出世のための王道だという共通認識が社会的に形成されていた。

一方で、国民国家としての体裁が整うとともに社会的流動性がなくなり、たとえ進学ルートに乗ったとしても先が見通せてしまう程度の出世しか望めない時代となっていた。立身出世のルートは整備されたが、社会変革の立志はもはや現実味が薄れていたのである。

このような時代に、〈青年〉＝「修養時代を生きる存在」として一定の年齢層がひとくくりにまとめられるようになったことは偶然ではない。〈青年〉は、もはや政治的準備段階ではなく、当時の時代状況を反映して学生をモデルとした一定の年齢層として把握されるようになっていたのであり、明治二〇年代初頭に「立志の青年」として誕生した〈青年〉は、明治三〇年代初頭には学生をモデルとした「学生青年」とでも言うべき存在へと移行しつつあったのである。

注

（1）関肇「明治三十年代の青年とその表現の位相」学習院大学文学部『研究年報』第四〇編、一九九四年三月、一七六―一七七頁。

（2）萌芽期の新教育論については、中野光『教育名著選集⑥ 大正自由教育の研究』黎明書房、一九九八年、初版一九六八年、二一―九七頁を参照。

（3）このような批判用語がどのようなプロセスで、どのような機能を期待されて誕生したのかは既往の研究ではまだ明らかにされていないが、明治三〇年代前半の教育雑誌を通読すると、同時期に誕生したことがうかがわれる。

（4）榑松かほる・菅原亮芳・小熊伸一「近代日本教育雑誌史研究（二）」桜美林大学『桜美林論集 一般教育編』第一八号、一九九一年、二六頁。

（5）『少年世界』における読者対象の移行については、田嶋一『〈少年〉と〈青年〉の近代日本――人間形成と教育の社会史』東京大学出版会、二〇一六年、三五五―三六一頁を参照。

（6）『中学世界』の創刊経緯や読者対象などの書誌情報については、前掲「明治三十年代の青年とその表現の位相」一七三―一七八頁、伊東久智「日清戦争後における青年雑誌の自律化過程――創刊期『中学世界』における読者層の交錯を手がかりとして」日本出版学会『出版研究』第三八号、二〇〇八年三月、六七―八六頁を参照。

（7）越仙道人「少年の責任」『少年世界』第二巻第二三号、明治二九年一二月一日、三一―三二頁など。

（8）『中学世界』創刊後に『少年世界』に掲載された修養に関する記事・論説は、以下の二つの立志伝のみである。茅原蘭雪「米国鉄道王」『少年世界』第六巻第四号、明治三三年三月一五日、一七―二三頁、岡田三橋「俊豪少年」『少年世界』第七巻第一五号、明治三四年一一月一日、五〇―六〇頁。

（9）勝浦鞆雄「中学世界に望む」『中学世界』第一巻第二号、明治三一年九月二五日、一―三頁。

（10）瀬川大「明治中期の旧制中学校における『修養』の普及過程――松本中学校及び岐阜中学校の事例」日本道徳教育学会事務局『道徳と教育』第三三二号、二〇一四年三月、六五―六八頁。

（11）「余裕と宗教」『太陽』第三巻第二三号、明治三〇年一一月二〇日、五五―五七頁、「宗教と修養」『中央公論』第一四巻第一一号、明治三二年一一月、六四頁、龍山学人「暫く姑息の策を語らしめよ」『太陽』第八巻第二号、明治三五年二月五日、七〇―七二頁、など。

（12）筒井清忠「近代日本の教養主義と修養主義――その成立過程の考察」『思想』第八一二号、一九九二年二月、一五一―一七四頁。仏教思想に基づいて精神のあり方を説く修養は、清沢満之が明治三四（一九〇一）年に創刊した雑誌『精神界』に掲載された諸論説が先駆である。

（13）沢柳政太郎「修養の機会」『中学世界』第三巻第七号、明治三三年六月五日、一頁。なお、沢柳全集の修養編である成城学園沢柳政太郎全集刊行会編『修養と教育　沢柳政太郎全集　第二巻』（国土社、一九七七年）に集録されている諸論説を見るかぎり、沢柳が修養に注目して独自の考察を深めたのは明治四〇（一九〇七）年頃からであり、それ以前に説いた修養論はむしろその時代の典型というべきものである。

(14)　春潮なる人物は、「修養の時代」と題して、「今後の文壇」において「文学的生命を保たんと欲せば」、「新進の文士は勿論、大家」でさえも、「退いて深く修養を加ふべき」と説いている（春潮「修養の時代」『中央公論』第一六巻第一二号、明治三四年一二月、七二頁）。ただし、具体的に何をどのように修養すべきなのか、一切語られていない。

(15)　「学生気風の一変」『教育時論』第四三〇号、明治三〇年三月二五日、一一―一二頁、「社会の俗化」『教育時論』第四四四号、明治三〇年八月一五日、一―三頁。

(16)　学生風紀問題に関しては、斉藤利彦『競争と管理の学校史――明治後期中学校教育の展開』東京大学出版会、一九九五年、二一〇―二一四頁、冨岡勝「『学生風紀問題』解説」『日本教育史基本文献・史料叢書四八　学生風紀問題　全』大空社、一九九八年、一―五頁、稲垣恭子「明治の『堕落』女学生」柴野昌山編『文化伝達の社会学』世界思想社、二〇〇一年、二六四―二八三頁、稲垣恭子「不良・良妻賢母・女学生文化」稲垣恭子・竹内洋編『不良・ヒーロー・左傾　教育と逸脱の社会学』人文書院、二〇〇二年、一一〇―一二二頁、小山静子「メディアによる女学生批判と高等女学校教育――女性が教育を受けることはどのようにとらえられたか」辻本雅史編『知の伝達メディアの歴史研究――教育史像の再構築』思文閣出版、二〇一〇年、二一四―二三五頁、澁谷知美『立身出世と下半身――男子学生の性的身体の管理の歴史』洛北出版、二〇一三年、二〇六―二八四頁などを参照。

(17)　学校紛擾については、堀尾石峯「学校騒動論（上）」『教育時論』第七五四号、明治三九年三月二五日、七―九頁、堀尾石峰「学校騒動論（中）」『教育時論』第七五六号、明治三九年四月一五日、八―一〇頁、堀尾石峰「学校騒動論（下の一）」『教育時論』第七五八号、明治三九年五月五日、六―八頁、堀尾石峰「学校騒動論（下ノ二）」『教育時論』第七五九号、明治三九年五月一五日、八―九頁、寺崎昌男「明治学校史の一断面――学校紛擾をめぐって」教育史学会機関誌編集委員会『日本の教育史学』第一四集、一九七一年一〇月、二四―四三頁、宮坂広作『宮坂広作著作集三　近代日本の青年期教育』明石書店、一九九五年、一五〇―一六九頁、佐藤秀夫『教育の文化史二　学校の文化』阿吽社、二〇〇五年、二二九―二七六頁などを参照。

(18)「吁教育界の風紀問題を如何」『教育時論』第四六八号、明治三一年四月一五日、一―三頁など。

(19) 中島半次郎「教育者たる修養」『教育時論』第五五六号、明治三三年九月二五日、三―四頁。

(20) 中島力造「教育上分業の得失」『教育時論』第六〇二号、明治三五年一月五日、二五―二九頁など。

(21) 桑木厳翼「学制改革論と中等教育」『教育時論』第五三三号、明治三三年二月五日、五―八頁など。

(22)「学風校紀の壊乱と文部省の責任」『太陽』第四巻第四号、明治三一年二月二〇日、三九―四二頁。内容からおそらく高山樗牛の執筆だと思われる。

(23) 近衛篤麿「学生の濫交を禁ずべし」『少年世界』第四巻第四号、明治三一年二月一日、一七―二一頁。この論説は、帝国教育会機関誌『教育公報』（第二〇七号、八―一一頁）からの転載で、しかも中学生を対象としているが、『少年世界』の同論説掲載号の表紙には、大文字縦書きで「近衛公爵学生の濫交を禁ずべしは少年諸氏必読の文字」とある。

(24) 高山林次郎「少年社会の悪流行病」『中学世界』第二巻第二七号、明治三二年一二月一〇日、一―三頁、井上哲次郎述「日本社会目下の病弊」『中央公論』第一七巻第一号、明治三五年一月、七―一四頁、大町桂月「人生」『中学世界』第四巻第一号、明治三四年一月一〇日、一四―一七頁、国府犀東「修養時代の覚悟」『中学世界』第四巻第七号、明治三四年六月一〇日、一―四頁、上村左川「名と利と」

『中学世界』第五巻第六号、明治三五年五月一〇日、九―一一頁。高山林次郎は高山樗牛の本名。

(25) 前掲「少年社会の悪流行病」。漢詩に造詣が深い樗牛は、当時まだ中学生を「少年」と呼んでいる(高山林次郎「発刊の辞」『中学世界』第一巻第一号、明治三一年九月一〇日、一―三頁)。

(26) 杉浦重剛「青年の通患」『中学世界』第三巻第五号、明治三三年四月五日、五―七頁。

(27) 林雅代「未成年者喫煙禁止法の制定と『青少年』観――根本正と山本滝之助の思想に注目して」名古屋大学『名古屋大学教育学部紀要(教育学科)』第四二巻第一号、一九九五年九月、一―一二頁。

(28) 前掲「教育者たる修養」、三宅雄二郎「教育五言」『教育時論』第五六六号、明治三四年一月五日、二三―二六頁。

(29) 大町桂月「学生諸子を迎ふ」『中学世界』第三巻第一三号、明治三三年一〇月五日、一五頁。「文学の評論」について言及しているのは、桂月がかつて『中学世界』の前身の一つである『少年文集』の「時評」欄を担当していたからである。『中学世界』でも主に「時評」欄を担当したが、他に評論も多数寄稿しており、明治三七(一九〇四)年一月に同誌の主筆となる(前掲「明治三十年代の青年とその表現の位相」一八九頁)。

(30) 大町桂月「器械的人物」『中学世界』第三巻第一三号、明治三三年一〇月五日、二〇頁。

(31) 大町桂月「天真爛漫」『中学世界』第五巻第八号、明治三五年六月一〇日、六―七頁。

(32) 大町桂月「貧と富」『中学世界』第五巻第一三号、明治三五年一〇月一〇日、三―四頁。

(33) 明治二〇年代後半から三〇年代における人格概念は、今日のような心理学的な意味、すなわち個人のまとまりを持つ内面性といった"personality"の訳語ではなく、「品性」や「性格」と訳されていた"character"との境界線が不明確な価値概念(時には"character"が「人格」と訳された)、または

T・H・グリーンを経由したカント倫理学に由来を持つ概念（＝"personality"）であった。その概要については田中智志『人格形成概念の誕生——近代アメリカの教育概念史』（東信堂、二〇〇五年、四―九頁）を、後者についての詳細は佐古純一郎『近代日本思想史における人格観念の成立』（朝文社、一九九五年）を参照。

(34) 大町桂月「人格の修養」『中学世界』第五巻第二号、明治三五年二月一〇日、四―五頁。

(35) 執筆者はおそらく桂月だろうが、「大事の修養少くなりて」や「修養を怠りたる」（「雑題五則」『中学世界』第五巻第二号、明治三五年二月一〇日、八頁）といった表現も同じ部類に入るだろう。

(36) 前掲「人格の修養」。

(37) 細谷実「大町桂月による男性性理念の構築」関東学院大学『自然・人間・社会』第三一号、二〇〇一年七月、一六一―一八三頁。

(38) この時期においても、「形式的」、「機（器）械的」教育への批判を主に論じた修養論は説かれ続けている（桂月漁郎「本能の快楽」『中学世界』第五巻第一六号、明治三五年一二月一〇日、一―四頁など）。

(39) 桂月は、前述の「男らしき」の他に「倹素」や、「武士道」など当時においては新しい自己形成の「型」も修養として説き、その修養を積んだ上で初めて旧来の儒教道徳が実践可能になるとしている（大町桂月「我国道徳の過去及び将来」『太陽』第八巻第三号、明治三五年三月五日、一―七頁など）。

(40) 新堀通也『「殺し文句」の研究』理想社、一九八五年、一二―一五頁。新堀は「殺し文句」を、「相手の地位に応じた責任や常識を自覚させることによって、反省や自己抑制を促す」パターン（「〇〇が足りぬ」など）と、「真の」をつけて相手を非難するパターン（「真の教育」など）を分けているが、修養はそのどちらにも通じる。

(41) 浮田和民「青年時代の修養」『中学世界』第六巻第一号、明治三六年一月一〇日、一二―一八頁、井上哲次郎「青年の良心に対する用意(承前)」『中学世界』第六巻第二号、明治三六年二月一〇日、九―一五頁、久保田譲「成功」『中学世界』第六巻第一〇号、明治三六年八月一〇日、二五―二六頁など。

(42) 『中学世界』に修養欄が設置された翌月には、様々な論者の修養論を集めるというタイプでは最初の修養書である吉丸一昌編『名家修養談叢』(国光社、明治三六年)が刊行されている。

(43) 当時はこの移り変わりの過渡期であったと言えるだろう。中には、「今日有為の青年」が「意気激烈、抱負雄大、大功名心を発揮」すべき存在として語られ、その〈青年〉のなすべき自己形成として「海国的人物養成、世界的智識修養を奨励」する、「立志の青年」の「立志」を時局にあわせて説くような『教育時論』の社説もあった(「第六百号の弁」『教育時論』第六〇〇号、明治三四年一二月一五日、二頁)。

第五章　対処すべき〈青年〉――「青年期」の成立が意味すること

1　「青年期」の成立を問うということ

前章で論じたように、明治三〇年代前半には〈青年〉が「修養時代」という一定の年齢層として把握されつつあった。「修養時代」という言葉は今日では馴染みがないが、今日でいうところの「青年期」に類似する。ただし、「修養時代」が修養という行為をもとに一定の年齢層を構築しているのに対して、「青年期」は心理学という「科学」にお墨付きを与えられた根拠、つまり〈青年〉の心理的特質なるものをもとに年齢層を構築した概念である。

では、近代日本において「青年期」はいつ、どのように、いかなるものとして成立したのか。そして「青年期」が語られる文脈での〈青年〉とはいかなる存在だったのか。本章では、この問題について考えたい。

日本における西洋心理学の受容は、開化期から西周などによって進められていた。明治二〇（一八八七）年頃には psychology の訳語が「心理学」に定まり、明治二一（一八八八）年には留学から帰国した元良《もとら》勇次郎によって帝国大学で心理学の研究が始まる。時はまだ、近代心理学の祖とされるヴントが心理学実験室を設立して一〇年たらずであり、欧米でもまだ心理学が学問としての地位を確立しつつある段階だった。[1] 日本における心理学は、確かに「輸入学問」ではあったが、工学や法学など他の分野にくらべて欧米の研究とのタイムラグが比較的小さかったと言える。近代心理学の受容は、帝国大学の他に高等師範学校でも進められ、明治二〇年代には谷本富《とめり》、野尻精一などによって最新の心理学の動向が原著で教えられた。[2] このような時代背景をもとに、明治三〇年代前半には早くも「青年期」という言葉が教育雑誌において散見されるようになる。

しかし、管見の範囲では近代日本における「青年期」の成立過程を明らかにした研究はない。かつて北村三子が明治三〇年代から四〇年代にかけての青年心理学を論じてはいるが、[3] 青年心理学の核概念である「青年期」がいつ、どのように成立したのかまでは問うていない。心理学史においても、日本における本格的な「青年期」研究の開始がG・S・ホール著 *Adolescence*（1904）が翻訳出版された明治四三（一九一〇）年以降であったと指摘されるにとどまり、[4] それ以前の「青年期」

の成立過程は問われてこなかった。つまり、「明治後期のこの時期、現在私たちがイメージする青年期概念が、全《ママ》世代との葛藤を繰り返しながら次第に明確になっていったことは確かである」[5]という指摘がありつつも、その「明確化」の過程にまで踏み込んだ研究はなされてこなかったのである。

ゆえに本章では、まずは「青年期」の初出と、そこでの「青年期」の意味を確認することから着手したい。その上で、日本で最初に「青年期」を論じた雑誌『児童研究』を史料とし、そこで「青年期」がどのように問題化されたのか、そこで語られた「青年期」が一体何を意味したのか、「青年期」の成立にはどのような社会的背景があったのかについて考察を進める。その結果、「青年期」の成立時期と意味内容が特定され、その「青年期」語りの文脈における〈青年〉が前時代の〈青年〉とどのように異なっていたのかが明らかになるだろう。

2　「青年期」が誕生するまで

（1）明治三〇年前後の〈青年〉

本書でこれまで述べたように、明治二〇年代に〈青年〉の先導者として名を馳せた蘇峰と松村は、当時の若者のあり方に危機感を抱き、新たな時代の建設者として彼らを〈青年〉と呼んで鼓舞した。

このような青年論はそれ以降退潮するものの、明治三〇（一八九七）年頃になってもまだ〈青年〉が論じられてはいた。

蘇峰はすでにその旗手の座を降りていたのだが、蘇峰が残した痕跡は消えてはいなかった。明治二九（一八九六）年三月、この年に満二六歳を迎える田岡嶺雲《れいうん》は以下のように述べている。

『新日本の青年』出で尋で『国民の友』の始めて世に出づるや、徳富氏の文調一時を風靡して少壮青年の間に持囃され、吾国の文体為めに一変化を受け、今日文士の文、所謂民友調なるもの、痕跡多少印せられざるはなし(6)

このように、田岡は蘇峰の影響力の大きさを認める一方で、蘇峰を過去の人と位置づける。さらに田岡は蘇峰について、その文章が「矛盾」に満ち、かつ「世俗的」「利己的」であると指弾し、

献身や、高潔や、神来や、氏は口に之をいふのみ、語によりて之をいふのみ……一片の真頭を有てよ、説を変ずるはよし、節を変ずる莫れ(7)

とまで言う。欧米巡歴から帰国した蘇峰が松隈内閣の勅任参事官に就任し、その「変節」が誹謗され『国民之友』の不買運動が起こるのはこの翌年であり、田岡は時流に乗って蘇峰を非難しているのではない。むしろここで重要なのは、明治二〇（一八八七）年を青年として過ごした田岡が、「新日本の青年」を説くことを止めた蘇峰に代わり、

青年は即ち青年の天職あり、破壊のみ、革命のみ、革命せよ、破壊せよ、爾の天職は唯是のみ……沈滞あり、腐敗ありて革命何が故に来らざる、破壊何が故に来らさる。来らさるは人なき歟、青年なき歟。青年あつて、意気なき歟。今の吾国の青年は終に青年の意気なき歟(8)

と、当時の蘇峰を受け継いだかのように理想的〈青年〉を革命の主体に見出していることである。しかし、それを妨げているのが、開化以来の「物資的の学問と功利的の思想」であり、それが「青年の意気を消沈」させ青年から「覇気」「活気」「活火」「鋒鋩」を奪っていると論じているのである(9)。

一方この頃、〈青年〉を自称する者が都市部や地方都市以外にも登場する。その最も象徴的な存在が、明治二九（一八九六）年に故郷（現広島県福山市沼隅町）で『田舎青年』を自費出版した山本瀧

之助だろう。『田舎青年』が、蘇峰が明治二六（一八九三）年以降に『国民之友』誌上で農村青年会の結成を呼びかけたことの影響を受けながら、しかも山本自らの「立身栄達への野望」を達成するために蘇峰の論を都合の良いように読み替えながら著されたものであることは、すでに大串隆吉によって明らかにされている。(10) ここで注目したいのは、明治二九年の時点で、ピラミッド型学校階梯を外れた地方の若者も〈青年〉として立ち上がるべきだと説かれ始めたということである。(11) 興味深いのが、この山本の青年論が、同じく蘇峰の影響を受けた田岡のそれではなく、当時の中学校内で発行されていた校友会雑誌に見られる青年論に近いということである。

校友会雑誌上の青年による青年論を分析した森田智幸は、明治三〇（一八九七）年頃の中学生に、生徒管理への不満、教育のあり方への疑問、風紀廃頽への嘆き、「第二の国民」となる自負を読み取っている。(12) しかし、腐敗の改革や学校運営の改善を訴えることは、あくまで定められたレールを正常に進むための訴えであって、そのレールの正統性への懐疑や、レールの先にある未来を変えていこうとするエネルギーには転化されていない。つまり、明治二〇年代初頭に蘇峰が立ち上げた「立志の青年」と、学校階梯が確立されそのレールを進むことこそが立身出世の王道であるという「常識」が市民権を得た明治三〇年代に「革新の担い手としての自負」(13) を持つ青年とでは、後者における「革新」があくまで学校階梯という枠内での「革新」にすぎないという点で、さらに〈青年〉が抱くべき「自負」が国家や社会体制の変革者としてのものではなく、既存の国家体制の存在を前提とした将来の担い手としての「自負」であるという点で[14]、両者は本質的に異なる。

以上のように、明治三〇年頃には、「立志の青年」としての〈青年〉を説く者は田岡のような例外がいるものの、全体的に退潮していた。この頃、地方の若者においても〈青年〉が一種の社会的ステータスとして認められ始めていたが、その〈青年〉には「立志の青年」としての姿は前面には出ておらず、また当時都市部においても「立志の青年」像が消滅しつつあった。

（2）「青年期」の初出

では、「青年期」という概念はいつ登場するのだろうか。帝国大学哲学科の教授陣が中心となり明治二〇（一八八七）年二月から刊行されていた月刊『哲学会雑誌』（明治二五年六月から『哲学雑誌』と改題）を調査すると、明治二六（一八九三）年一二月号の「雑録」欄に、「人生の危機」と題する無記名の小論が確認できる[15]。この小論には「右一編は去十月米国発刊心理学雑誌に掲げられたる、新生命と題する論文中の意思に本づきて、草せしものなり[16]」と最後に但し書きがあり、本文はおそらく当時心理学講座を担当していた元良による翻訳文だと思われるが、その元となる英文は確認できていない。この小論では、一〇代半ばから二〇代全般にかけてが「青年期」と位置づけられ[17]、

「青年の過欲」により引き起こされる「人生の危機」を「予防」し損なったら「病的懐疑」や「犯罪」に至ると述べられている。[18] これが、「青年期」が日本に紹介された最初だと思われる。

翻訳文以外での初出を完全には特定できていないが、『田舎青年』が出版された明治二九（一八九六）年に以下の二つの用例がある。

一つ目は、雑誌『教育時論』に掲載された懸賞論文である。「日本人不健康の原因を論ず」と題されたこの生理学の論文では、[19]「胎児期」「嬰児期」「幼児期」「小児期」「青年期」「壮年期」「老衰期」という発達段階別に議論が展開され、「青年期」が以下のように説明されている。

人間コノ時機ニ達スル時ハ、体力ノ増大スルト共ニ、知情ノ活動激烈トナル。一躍シテ聖賢ノ跡ヲ追フモ、堕落シテ罪悪ノ淵ニ沈ムモ、皆運命ヲコノ期ニ決ス。故ニ人生ノ危機ト称ス。今特ニ其身体ニ於ケルノ現相ヲ詳言スレバ、男子ニアリテハ、鬚生へ、肩怒リ、筋肉、四肢、俄カニ成長シ、女子ハ、胴部俄カニ発達シ、且ツ月経ヲ来ス。遺伝ノ症状アルモノハ、コノ期ニ於テ多ク発生シ、精神病ハ頻リニ其虚ヲ窺ヘリ[20]

「青年期」が心身の発達段階の一つとして位置づけられ、身体の変化として第二次性徴が挙げられている。また、後に「青年期」が語られる際のキーワードである「人生の危機[21]」が用いられているが、その意味するところは「将来の運命を左右する時期」であり、青年そのものが危機にさらされる時期という意味ではない。

もう一つの用例は、高島平三郎[22]が『教育時論』で連載していた「続心理漫筆」に見られる。そこでは「諸説を折衷し、自己の考案を加へ」た結果、「嬰児期」「乳歯期」「少年期」「青年期」という発達段階が設定され、「青年期」を一六歳から二一歳としてその特徴が語られている[23]。ただし、そこで語られている「青年期」の特徴は、知情意すべてにおいて「少年期」よりも大人に近づいたという程度のものであり、「青年期」が特にクローズアップされているわけではない。

総じて言えば、「青年期」「人生の危機」という用語は明治二九（一八九六）年には確認できるものの、そこでの「青年期」は単なる心理的・生理的発達段階の一つ[24]、「人生の危機」は将来を左右する時期という程度の意味であり、まだ「青年期」が問題であるという眼差しはなかった。むしろ、単に大人への準備段階を意味するという点では、当時すでに語られていた「青年時代」や、前章で論じた「修養時代」に近かったと言える。

3 「青年期」の問題化

（1） 青年を研究（観察）対象とする眼差し

「青年期」が本格的に論じられるためには、本格的な研究雑誌の登場を待たねばならなかった。すなわち、高島平三郎を実質的なリーダーとし、欧米心理学の強い影響力のもとで明治三一（一八九八）年に創刊された、雑誌『児童研究』である。

ここに言う「児童」とは、今日とは異なり、小学校就学年齢を中心に乳児から二〇代半ばまでを指していた。というのも、同時期にアメリカで興隆していた「児童学」（pedology）での「児童」の用法がそのまま輸入されたからである。(25) つまり、青年は「児童」に含まれ、『児童研究』誌上で論じる対象となっていた。

この雑誌の新しさは、児童を教育するためには児童のことを科学的に知らねばならないという立場から、心理学・生理学を駆使して児童とはいかなる存在なのかを探究するところにあった。誌上では、児童研究を学ばない教師が「恰も敵の状態をも勢力をも知らずして戦争する猪武者」と呼ばれている。(26) 石井房江によれば、このような眼差しは、明治二〇年代半ばから高島によって進められた小児（child の訳語）研究から継承されていた。[27]

当時すでに『教育時論』、『教育報知』、『教育公報』（『大日本教育会雑誌』の後継）などの教育雑誌が刊行されていたが、そこでの主たる議論は教育政策・教育方針、または教員の質・量をめぐる問題であり、『児童研究』のように児童を研究対象とする視点は希薄だった。また、『児童研究』における「研究」とは、心理学・生理学という「科学」によるお墨付きが与えられた現場レベルでの実践も含む。

つまり、『児童研究』は今日まで通じる「研究対象としての児童」という認識枠組みに基づいた、当時としては画期的な雑誌だった。このような特徴をもつ雑誌において、日本で初めて「青年期」が主題として論じられ、問題化されたのである。試みに、『教育時論』及び『教育公報』の他に、総合雑誌『太陽』、中学生を主たる読者対象とした『中学世界』における明治二七（一八九四）年から明治三三（一九〇〇）年までのすべての記事を調査したが、「青年期」を主題として論じた記事は一点も発見できなかった。『教育関係雑誌目次集成』[28]に所収されている他の雑誌については、明治三三（一九〇〇）年以前のものを目次で確認したが、「青年期」をタイトルにした記事はやはり確認できなかった。ゆえに以下、『児童研究』誌上で「青年期」が問題化されるまでの過程を明らかにする。

本論に入る前に、論じるにあたって必要な範囲での基本的な書誌情報を確認しておきたい。『児童研究』の誌面構成は、社説にあたる「論説」欄と、論文や講演筆記を掲載する「研究」欄が中心となっており、他に研究方法の紹介やその実践結果を紹介する「研究法」欄、学校教育現場での応用を論じる「適用」欄、欧米の研究動向を紹介する「紹介」欄、それ以外の時事を列挙した「雑録」欄、教育界の動向を伝える「教育界彙報」欄からなる。誌面の改訂は、元良が会長を務める日本児童研究会の機関誌となった明治三五（一九〇二）年七月と、同会の組織が改革された明治四〇（一九〇七）年七月に行われたが、[29]どちらも本章で論じる時期より後のことである。主な執筆者は、高島と、帝国大学で元良の門下生として心理学を研究した松本孝次郎（後の東京高等師範学校教授）、塚原政次《せいじ》（後の広島高等師範学校教授）、以上三人が中心となった。想定された読者には、研究者のみならず、教師及び上流階級の母親も含まれていた。これは先駆的なことであり、心理学史においては「市井の人々に対して心理学者が働きかけるようになる」場の嚆矢として位置づけられている。[30]

誌上では、創刊当時から青年に関する記事が確認できる。「研究法」欄に掲載された無記名の記事では、「青年時代に読まる、書物その他雑誌の表を作るべし」、「愛読する所の書物及び雑誌の名を挙げしめ、且つその愛読する理由を問ふべし」[31]など、質問紙法（後述）においてどのような質問をすべきかが列挙されている。「雑録」欄に掲載された無記名の記事「青年の理想に就きて」では、

「試に中学校師範学校等の学生及び之と年齢を等しくせる青年に就きて、彼れ等が理想とせる所を問ひ試みるべし」と、まず青年の理想がどのようなものなのか観察することから出発しようとする。ただしその狙いは、「青年は国家の生命なり、元気なり、青年にして理想とする所卑近ならは、国家の前途や知るべきのみ。教育の任に当るもの警醒して可なり[32]」と説かれており、記事タイトルにある「青年の理想」のあるべき姿は最初から決定されている。つまり、青年を研究（観察）対象とする眼差しは、あるべき〈青年〉からの逸脱度合いを測定するという目的のもとに生まれた。また、ここでのあるべき〈青年〉とは「国家の前途」を担う存在であり、その範囲から出ない程度の期待の眼差しを受ける存在であった。

ただし、これらの記事はあくまで青年や〈青年〉について語られているだけで、「青年期」が論じられているわけではない。誌上における「青年期」の初出は、「研究」欄に掲載された高島の「少年期に於ける倫理的感情の研究」と題する論文である。そこでは以下のように述べられている。

> 中等以上の教育に就きては、深く注意するもの少く、随ひて之が研究を企つるものもあらざる態状なりき。されば、各地の師範学校中学校に於ける徳育の景況は、往々其の宜きを失し、学校騒動、校長排斥等の厭ふべき現象、続々世に現はるゝに至れり[33]

つまり、男子中等教育の研究が不十分なので徳育がうまく機能せず、その結果「学校騒動」や「校長排斥」が惹き起こされるというのである。ただしこの部分は、中等教育機関への入学以前である「少年期」について語った後の付け足しであり、「青年期」という用語も引用部分のあとに「少年青年期」と用いられているだけである。少なくともこれをもって本格的に「青年期」が論じられたとは言えず、〈青年〉を論じる際に心理学の手法を用いただけの、過渡的なものであった。

（2）「青年期」の定義と問題化

誌上で「青年期」が初めて定義されたのは、明治三二（一八九九）年八月に「研究法」欄に連載された無記名「研究法大意」においてである。

> 児童心理学者の説く所によれば男児及び女児が青年期に近づくに従ひ心的作用の類同は漸く減少し男児は活発となり知力を主とし義務を重んずるに至り。女児は感情的傾向を有し自己を保護するの本能作用多く働き他人の賞讃と尊敬とを得んことを求むるの念深しと言へり。而して遺伝的性質の大部分も亦この時代に於て著るしくあらはるゝもの多し。神経に関する疾病及び脳髄に関する病患も亦この時代に起るもの多しとす。(34)

このように「青年期」の特徴が、男児と女児の心理的差異化、遺伝的性質の発現、神経症・脳病の発症、以上の三点にまとめられている。続いて、このような特徴を持つ〈青年〉の傾向が以下のように述べられている。

かゝる青年時代のものにありては往々両親、監督者、教師等によりて到底教育し難きことを訴へらるゝものあり。かゝる青年は朝は容易に寝床を離れず又何等の作業をもなさず。時としては破壊的動作をなし書籍を破り家具を毀損し他人を強迫し金銭を所持せざるも無用の物品を購買して両親或は監督者の迷惑を来し且つ詐偽を構成することあり(35)

無気力、破壊的動作、金銭絡みの悪行が「青年期」＝「青年時代」の問題として語られているが、これらの行為と「青年期」の特徴との関連は説明されていない。

続けて、問題行動の対策が以下のように述べられている。

かゝる者に向かつては病理学者が示す所の原則に基づきて取扱はざるを得ず。通常取る所の厳格なる処置及び種々の責罰は実際その効を奏すること少なく而かも屢々有害なることあり。

かゝる者は一時学校より退かしめ親切にして且つ確実なる伴侶と共に一時静かなる地方へ退隠せしめ若し必要あらば医師の監督に附することを以て適当なる処置なりとす。かくして新鮮なる空気の中に於て多くの運動をなさしめ又興奮的ならざる滋養物を与ふべきなり(36)

ここでの〈青年〉は教育される存在であり、誰しもが経験する「青年期」を論じながらもその対象は明らかに学校に通う者に限定されている。また、問題行動を起こす〈青年〉への対処方法が、病理学に根拠を得た静かな地方への退隠や、医師の監督に求められている。その上、学校で何らかの対処が施されている前提で、教師の厳格な対応はむしろマイナスであると論じられている。ただしこのことは、監督者としての中学教師という位置づけが揺らぐことを意味しない。学校内では中学教師が生徒を監督すべきであり、そのためには教師が「青年学生一般の生活の程度及び嗜好の傾向(37)」を知るべきだという論、教師が「自ら、人格を修養し、真に青年の模範となるべし(38)」という論は、誌上に掲載され続けている。

このように、従来は「青年期」が一つの発達段階として論じられているにすぎなかったのが、ここで初めて「青年期」が問題化され、そこで語られる〈青年〉は、学校に通っていることが前提となっていた。すなわち、従来の青年論では〈青年〉の心構えが論じられていたに過ぎないのだが、

「青年期」が語られる文脈では学校に通っていることを前提とした〈青年〉の心（心理）そのものが問題化されたのである。以後、このような「青年期」を問題視する立場からの論考が定期的に誌上に掲載される。その嚆矢が実態に基づいた記事や論文ではなく、欧米の研究法を紹介する「研究法」欄の論考であったことは、「青年期」という概念自体が外来のものであったことを物語っている。

本節の内容をまとめておこう。創刊当時の『児童研究』誌上での〈青年〉は、科学的な研究（観察）対象とされた中学校及び師範学校の男子生徒をモデルにしており、それは「青年期」の特徴が論じられる際にも変化がなかった。つまり、誰しもが経験する生理的・心理的発達段階としての「青年期」を論じつつ、中等教育機関に進学する〈青年〉のみを対象としていたのである。[39] また、最初に「青年期」の特徴が論じられた論考は、現状に基づいた記事や論文ではなく、「研究法」欄掲載の記事であった。そこでは、〈青年〉の問題行動が「青年期」の心理的・生理的な特徴と結びつけて語られ、従来の青年論のように「青年は～であるべき」とストレートに謳われず、「青年とは～であるので適切な対処をすべき」と論じる新しい視点が提示されたのである。

4 「青年期」の成立

(1)「人生の危機(危期)」

『児童研究』の創刊から一年が過ぎると、主題として〈青年〉を扱う論考が掲載されるようになる。例えば、「適用」欄に「青年時代」と題する以下のような論考がある。

青年時代の特徴は一般に感情的にして熱中し易きにあり。而して個人的方面及び人格に関する意識は漸く青年の時代に於て十分に発達し、従来の生活せる領域よりは、更に一層拡大なる限界に於て生活すること丶なるものなり。是に於てか青年は実に人生の危機に到達せるものにして。人生の悲劇的時代に遭遇せるものと言ふも可ならむ。(40)

「青年時代」が、感情の変化と自己意識の拡大がもたらす「人生の危機」「人生の悲劇的時代」として問題化され、青年をいかに指導するかという視点から語られる。しかし、この文章からは「危機」と「悲劇的時代」が具体的にどのような状況なのかわからない。

この論考が掲載された三ヵ月後に、同じ「適用」欄に「高等学校時代」と題する論考がある。

発達の段階中、大に吾人の注意を要するのは高等学校時代にありとす。何となれば、この時代に於て驚くべき変化の起ること多く、生活中最も危機多き時期なりとす。……青年をして自ら研究の方面を選択せしめ、勉学してその効果の不充分なるのは、屢々退学するの止むを得ざるに陥るもの少なからず。而かも或は青年をして直ちに自治的生活をなさしめんとするものあり。(41)

高等学校時代が「生活中最も危機多き時期」とされ、さらにその理由が「驚くべき変化」に求められている。「変化」が何から何への変化なのかは、この論考中では説明されていないが、前掲の論考「青年時代」の引用部にある、感情的になる・個人の意識が強化される・生活圏が拡大する、といった意味であろう。つまり、ここでの「危機」とは第二節で見たような将来の運命を左右する「危機」ではなく、内的変化と生活環境の変化がもたらす「危機」、すなわち〈青年〉そのものが「危機」であるという意味で用いられている。

では、論者はどのような狙いでこのような「危機」を論じたのだろうか。

吾人は既に高等学校に入るべき青年は人生の危機に到達せるものなるを認むると同時に、教師は彼の良友となりて大に誘掖指導するの必要あるを感じ、研究上学科の選択を要する場合に於ては、教師は平生自己の観察の結果に徴して多少の助言を与ふるの好意を有せざるべからず。吾人の見る所によれば現在はこの危機に立てる青年を誘掖指導するの点に於て欠く所多きを認む。(42)

「人生の危機」に到達した〈青年〉に対する指導は、「彼の良友となりて大いに誘掖指導」することがベストであり、そのためにはその〈青年〉を「観察」し理解しておかねばならない。つまり、創刊当初から繰り返し説かれてきた青年指導法の理論的根拠として、高等学校時代が「人生の危機」であるということが言われているのであり、観察結果として「青年期」が「人生の危機」であると導き出されたわけではない。

だが、高等学校時代が「危機」だといきなり言われても、当時の人々には理解し難かったのではなかろうか。前掲の論考「青年時代」のように、「危機」である説明が全くなされていない場合はなおさらである。「人生の危機」の用語としての起源は不明であるが、このような唐突な使われ方をされていることから、「青年期」と同様に言説先行で誕生した訳語(43)であったと考えられる。もとは「将来を左右する重要な時期」という意味だったその訳語に、「青年期そのものが危機である」という意味が付け加えられたのだろう。

(2)「青年期」の新しさ

明治三三（一九〇〇）年五月、松本孝次郎は「人生の危期」と題する社説を著した。

児童の学校生活は……児童の運命に影響せざる時機なきを発見するを得べし。即ち或る意味に於いては児童は常に人生の危期を経過しつゝあり……常に運命の危機を経過しつゝ進むものなりとす。……吾人が今茲に論究せんと欲する所の問題は……学校生活期に於ける最も危殆なる時期を指すなり。……幼年期少年期青年期壮年期成熟期老年期等の段階は吾人の生活に於て明かに区別せらるゝなり。而して吾人が所謂学校生活期に於ける最も危殆なる時期は男女を通じて其の青年期にありとす(44)

ここでの「人生の危期」とは、将来に影響を与える「運命の危機」であると同時に、「学校生活」における「危殆《たい》」でもあり、従来の二つの意味どちらもが込められている。そして、「学校生活期に於ける最も危殆なる時期」は「青年期」とされ、「青年期」が「人生の危期」であるのは以下のような「科学的基礎」によるとする。

脳の重さ…男子は一四歳、女子は一二歳で一時的に脳の重量が低下し、「生活上急劇の変動を起す」。重量低下の理由は、「血液の多量は内臓及び他の機官を養成するに用いらるゝが為め」。

声がわり…女子は「児童期の特性を保持する」。

精神の活動…男女それぞれの「性質」の変化（男子は知、女子は情が発達）が、「精神活動」の変化を誘発。

遺伝の顕在化…「遺伝的性質の大部分」が顕れ、そこには「遺伝的欠損」も含まれる。

脳病・精神病…「青年期の終わりに近き時期」に初めて発症(45)。

最後に、これらの「科学的基礎」をまとめて、「青年期は一方よりれ《み欠カ》ば活気を十分に育成する所の時期にして、同時に身心の急劇なる変動ありて為めに頗る危険なる時期なり(46)」としている。ここで語られている「青年期」の特徴は従来誌上で語られてきたことのまとめにすぎないのだが、それらが体系化されたことで、心身の変化が「青年期」を「人生の危期（危機）」たらしめるという図式が成立したと言えるだろう。

ただし、ここでの「人生の危機」には、まだ「懐疑」「煩悶」といった主に明治三〇年代後半からの〈青年〉を語る際のキーワードは含まれていない。「青年期」を「懐疑」「煩悶」と関連させたのは、高島平三郎が明治三五（一九〇二）年に著した、「青年期」を主題とした日本で最初の論考「青年期及び其の教育」[47]であった。

「青年期ほど神秘的なるはあらじ」と説く高島の立場は、かつて「青年ほど畏るべきものはあらじ」と説いた松村（第三章参照）とは明らかに異なる。高島においては、〈青年〉が人知では測り知れない存在として認識されるが、同時にそれは客観的な観察対象でもあり、そこに「畏れ」はない。この高島の論考は全部で一一の章からなり、各章で「青年期」の特徴を述べ、それに対して教師がいかに対応すべきかを説いている。最終章「教育上の注意」はまとめとなっており、以下の四項目、すなわち「厳格主義の弊」、「健全なる理想を与ふ」、「青年期に於ける不健全の欲望及び懐疑心感情等は、何れも、身体の影響に基かざるはなし」、「青年を教育する者の如きは、最も深く意を用ゐて、青年に関するあらゆる知識を収集せざる可らず」で構成されているように、従来の誌上での主張と比べて目新しい内容はない。「青年期」の特徴についても、ほとんどがこれまで誌上で論じられてきたことのまとめである。

唯一の新しさは、「青年期」とは「懐疑心」が芽生える時代であり、その「懐疑心」が「自暴自棄」「煩悶」「自殺」をもたらすと主張された点にある。また、そこでは「懐疑心」を解決するための方法として、「宗教」の教育への応用が提起されている。[48]世間で青年の煩悶・自殺が論じられるようになるのはこの一年後の藤村操《みさお》の自殺をきっかけとするので、この論考は「煩悶青年」が社会的に注目されるのに先行していた。また、高島はこの論考のタイトルにある「教育」を「国民教育」と語り、〈青年〉の到達目標を「新国民」と明言しており、[49]そこには「立志の青年」論にあったような時代変革の期待は微塵も読み取ることが出来ない。つまり、高島にとっての「青年期」とは「人生の首途」（松村）ではなく国民育成のために特別な対処が必要とされる発達段階であり、そこでの〈青年〉は心理的に病むことがあたかも当然であるかのような存在として語られたのである。

明治三六（一九〇三）年五月二二日、第一高等学校生である藤村操が、華厳の滝にて投身自殺する。将来を約束された一高生が、人生への懐疑を綴った遺書「巌頭之感《がんとう》」を残して自殺したことは、マスコミの注目を集めた（次章参照）。しかし『児童研究』における藤村自殺への反応は極端に乏しく、二点のみであった。一つは、藤村の自殺は従来から誌上で訴えてきた「青年期」研究の必要性を知らしめる機会であるとする社説[50]。もう一つは、青年における厭世的傾向の原因を「生理的事情」(「神経性の素因」)に求めた論考である[51]。つまり、いち早く「人生の危期」としての「青年期」に注目していた『児童研究』は、他の雑誌や新聞と異なり、今まで説いてきた青年論の枠組みで藤村自殺の説明が可能だった。ゆえに、藤村自殺に際しても特別な反応を示す必要がなく、以後も誌上で「青年期」が論じられはしたが、そこで「青年期」概念が問い直されることはなかった[52]。

本節を小括しておこう。「青年期」とは、男女の差異化、遺伝的性質の発現、神経症・脳病の発症という内的変化が生じる発達段階であり、それゆえに将来を左右するだけでなく、〈青年〉自身が危機を迎える「人生の危期」とされた。〈青年〉が心理的に不安定である根拠が、「立志の青年」論のような「未熟だから」という論理ではなく、生理的変化に基づく精神の変化として説明されたのである。これらの内容を体系化したのは松本・高島であり、松本によって「心身の変化が青年期を人生の危期(危機)たらしめる」という図式が成立し、高島によって「青年期」「人生の危期」が「自殺」「煩悶」をもたらす「懐疑の時代」と位置づけられた。この段階をもって、「青年期」という概念が成立したと言えるだろう[53]。そこでの〈青年〉への眼差しは、「立志の青年」論とは異なり、〈青年〉を期待すべき存在である以上に、対処すべき存在として捉えていたのである。

5 「青年期」成立の背景と歴史的意義

では、〈青年〉を論じるにあたって蘇峰のような政治的アジテーターが退却し、かわって修養論者にやや遅れて明治三〇年代に心理学者たちが登場したのには、いかなる歴史的背景があったのだろうか。

（1）「青年期」が成立した背景

先に見た高島の論文で、「青年期の研究の如きは、殆んど未開の荒野たり[54]」と嘆かれているように、松本・高島にとって「青年期」の問題は自らが開拓していったテーマであった。しかもそれは、帝国大学・高等師範学校で講じられる学問としての心理学が、広く社会に向けて説かれる知へと移行する場であった『児童研究』において、進められたのである。高島は「青年期」を問題化した動機について、中学生・高等女学校生が増えつつある一方でその生徒をどのように教育すべきかという方法論が欠如していることをあげている[55]。かつての蘇峰や松村が時代の変革者を求めて〈青年〉を論じたのとは異なり、高島にとって〈青年〉とは対処すべき存在であり、そのためには〈青年〉とは何かという問いを解決せねばならなかったのである。では、その解決方法を導く鍵概念として説かれたのがなぜ「青年期」だったのだろうか。

第一に、当然ながら海外からの影響があげられる。具体的には、アメリカで一八九〇年代末から本格的に「青年期」研究に着手していたG・S・ホールの影響である。

そもそも、日本における児童研究の始まり自体が、ホールの影響によるところが大きかった。その跡は以下のようなものが確認できる。まず、反復説。[56]『児童研究』では、児童と「野蛮人」における類似点の指摘が繰り返されている。[57]次に、質問紙法。[58]『児童研究』創刊から四年以内に、青年研究に関する質問紙法の記事が計六回掲載されている。最後に、欧米における「青年期」研究の紹介。[59]明治期の学術書が往々にして輸入学問であった例に漏れず、『児童研究』も欧米学問の輸入にかなりの誌面を割いていた。このように、リアルタイムで欧米の心理学研究の動向が日本にもたらされていたのであり、いまだ日本の心理学研究の自立が達成できていない時代であったからこそ、[60]いちはやく明治三〇年代初頭から「青年期」研究へと目が向けられたのである。

次に指摘できるのは、第四章でも論じた、いわゆる学生風紀問題である。

『児童研究』では明治三三（一九〇〇）年四月の「論説」欄で「青年学生の腐敗堕落」が論じられ、[61]それ以降に本格的な青年論が登場している。例えば、この翌月に松本が著した前掲の社説「人生の危期」においても、「過般未成年者喫煙防止法発布せられ、加ふるに青年学生の風紀次第に振粛せられん[62]」とある。つまり、『児童研究』誌上で「青年期」が本格的に論じられるようになったきっかけの一つは、学生風紀問題だったと言える。またこれと軌を一にして、学校騒動も「青年期」特有の問題として語られるようになる。「学校騒動の原因を論ず」と題する社説では、「青年期を学校生活の為めに費す者増加するに従ひ、所謂学校騒動なる声を聞くことも亦頻繁となれり」と述べた上で、「(騒動の原因は──引用者)教育者が青年そのもの、性質を熟知せざるが為めに、其の取扱を誤り、為めに相互の間に衝突を来たすにあり[63]」と、注意を喚起している。ここに言う「青年そのもの、性質」とは、同誌上で形成された、内在的に病的問題を抱える〈青年〉の特質である。つまり、「青年期」研究は学問という閉じた世界で進められたのではなく、当時の社会状況の影響下に進められたのであり、〈青年〉へのこのような眼差しを背景に“adolescence”という言葉が訳されたからこそ、〈青年〉の時期、すなわち「青年期」という訳語が生み出されたのだろう。

最後に、いわゆる「学校病」が認知されつつあったことがあげられる。

学生(第二章・第四章を参照)の脳病・神経病は明治二〇年代初頭からすでに問題化されていた[64]。序章で論じたように、その後の明治三〇年代前半には高等学校入学試験の高倍率化が進み、「過度の勉強」が「病人」を生み出すことが高等教育会議において問題化されるに至る[65]。『児童研究』においても、高島の前掲「青年期及び其の教育」が発表される約一年前に学生の神経衰弱及び自殺が論じられ、[66]投書には「此の頃、中学又は師範学校時代の男女学生に、神経衰弱症がよほど多いやうである。ことに、高等学校入学の際には、学生の間に、此の病が多い。何とか注意せねば、未来の国民を如何せんだ[67]」とある。

要するに、そもそも『児童研究』の創刊自体が欧米における児童研究の影響下にあったことを考えれば、「青年期」の誕生にその影響があったのは当然のことであるが、「青年期」が受容すべき概念として選ばれた背景には、受け入れる側に学生風紀問題や「学校病」、入試激化を原因とする「病人」の登場といった青年をめぐる問題の立ち上がりがあったのである。

(2)「青年期」成立の歴史的意義

以上、本章でここまで述べてきたように、「青年期」という概念は雑誌『児童研究』において明治三〇年代前半から論じられるようになった。その過程で「青年期」とはそもそも何なのかという考察が進められ、明治三三（一九〇〇）年に松本孝次郎が著した社説と明治三五（一九〇二）年に高島平三郎が著した研究論文によって一定の定義づけがなされた。

「青年期」はすべての青年が通過する心理的・生理的発達段階を意味しつつも、現実問題として論じられる際には学生が念頭に置かれていた。そこで青年＝学生に向けられていたのは、もはや

「青年とは〜であるべき」という期待の眼差しではなかった。「青年とは〜であるので適切な対処をすべき」という、脱政治化・脱社会化された心理的・生理的な存在として青年を把握する眼差しだったのである。このように、「青年期」の成立は新たな〈青年〉像の構築を伴っていたが、それは欧米の児童研究に影響を受けつつも、学生風紀問題や「学校病」といった、学生であるからこそ惹起される問題の立ち上がりに誘発されていた。

そして、少なくとも明治末期までは、このような問題が「青年期」概念を学び活用する側の危機感を掻き立てていたようである。その際たる例が、『教育時論』の常連寄稿者である中学校教員山本良吉だろう。山本は、学生風紀問題の解決策として「校外取締」をいかに進めるかを重要課題としており、[68]その研究成果である著書『中学研究』において、「中学校の教育は青年心理を基礎とせざるべからず」と宣言している。[69]

つまり、「青年期」を生きる存在として語られた〈青年〉は、期待に満ちた「立志の青年」としての姿を失う一方で、学校に順応するよう対処しなければならない「学生青年」とでもいうべき姿を付与されていったのである。前章で考察したことを踏まえるならば、学生風紀問題が惹起された明治三〇年代前半とは、「修養時代」「青年期」といった青年を一定の年齢層として一括りに把握する概念が誕生し、社会変革の立志を抱くべき政治的存在としての〈青年〉が完全に後退し、新たに学校に順応させることが前提の学生をモデルとした教育的・心理的存在としての〈青年〉が論じられるようになった時代である。言い換えれば、青年が大人から受ける眼差しが「期待」から「対処」へと移行していく時代だったのである。(70)

注

(1) 以上、日本における近代心理学の受容については、佐藤達也・溝口元編『通史　日本の心理学』北大路書房、一九九七年、二―四〇頁を参照。

(2) 前掲『通史　日本の心理学』五一―五三頁。

(3) 北村三子『青年と近代――青年と青年をめぐる言説の系譜学』世織書房、一九九八年、一一一―一四七頁。

(4) 津留宏「わが国における青年心理学の発展」青年心理学研究会編『わが国における青年心理学の発展』金子書房、一九七三年、五―六頁。

(5) 加藤潤「近代言説としての『青年期』」名古屋女子大学『名古屋女子大学紀要（人文・社会編）』第四八号、二〇〇二年三月、二六頁。

(6) 「徳富蘇峰」『青年文』第三巻第二号、明治二九年三月、一頁。「時文」欄に掲載された無記名の文だが、この欄は無記名の場合は田岡が執筆していた。『青年文』の書誌情報については、西田勝「解説」『復刻版　青年文　別冊』不二出版、二〇〇三年、五―一〇頁を参照。

(7) 前掲「徳富蘇峰」一―二頁。
(8) 田岡嶺雲「青年の意気」『青年文』第四巻第六号、明治三〇年一〇月、五頁。「沈滞」「腐敗」が具体的に何を指すかは語られていない。
(9) 田岡嶺雲「青年に及ぼせる功利的文明の弊」『青年文』第四巻第六号、明治三〇年一月、六頁。
(10) 大串隆吉「農村青年会運動発生についての一考察――蘇峰と瀧之助をめぐって」東京都立大学人文学部『人文学報・教育学』第八号、一九七三年三月、一一七―一二三、一三一―一四二頁。
(11) 山本が〈青年〉を名乗ったことの歴史的意義については、田嶋一『〈少年〉と〈青年〉の近代日本――人間形成と教育の社会史』東京大学出版会、二〇一六年、一三七―一七二頁を参照。
(12) 森田智幸「拮抗する青年論――明治後期中学生による応答の諸相」斉藤利彦編『学校文化の史的探究――中等諸学校の「校友会雑誌」を手がかりとして』東京大学出版会、二〇一五年、一二九―一五一頁。
(13) 前掲「拮抗する青年論――明治後期中学生による応答の諸相」一四五頁。
(14) 前掲「拮抗する青年論――明治後期中学生による応答の諸相」一三七―一四四頁。
(15) 「人生の危機」『哲学雑誌』第八巻第八二号、明治二六年一二月、一六七六―一六八六頁。
(16) 前掲「人生の危機」一六八六頁。
(17) 前掲「人生の危機」一六七六―一六八一頁。
(18) 前掲「人生の危機」一六八二―一六八四頁。
(19) 山口鋭三郎「日本人不健康の原因を論ず」『教育時論』第三九六号、明治二九年四月一五日、一五―一九頁、山口鋭三郎「日本人不健康の原因を論ず（承前）」『教育時論』第三九七号、明治二九年四月二五日、一二―一六頁、山口鉞三郎「日本人不健康の原因を論ず（承前）」『教育時論』第三九八号、明治二九年五月五日、一一―一五頁。

(20) 山口鉞三郎「日本人不健康の原因を論ず（承前）」『教育時論』第三九七号、明治二九年四月二五日、一五頁。

(21) たとえば、G・S・ホール（Granville Stanley Hall）の大著 *Adolescence*（1904）が明治四三（一九一〇）年に抄訳刊行された際、訳者による序文は「青春妙齢の時期は実に人生の危機たるは普ねく人の知れる所、是れが研究の切要なる、敢て言を俟たず」で始まり、同書の内容を端的に「青年期の如何なる意味に於て人生の危機なたるかを詳らかにし、而して是に対する教育上の注意を論じたるもの」と説明している（元良勇次郎・中島力造・速水滉・青木宗太郎訳『青年期の研究』同文館、明治四三年、序一頁）。

(22) 高島は、学習院助教授だった明治二〇年代半ば、アメリカ留学でG・S・ホールのもとに学んだ東京高等師範学校教授篠田利英を通じて質問紙法を知り、帝国大学教授だった元良が主催の研究会等を通じて本格的な児童研究に着手していた（下山寿子「『児童研究』――学校の学びと教育病理情報」菅原亮芳編『受験・進学・学校――近代日本教育雑誌にみる情報の研究』学文社、二〇〇八年、二六八―二六九頁）。高島の経歴と心理学史上の位置については、大泉溥「高島平三郎著作集　解説」『高島平三郎著作集　第六巻』学術出版会、二〇〇九年、一三―六〇頁を参照。

(23) 高島平三郎「続心理漫筆」『教育時論』第四〇六号、明治二九年七月二五日、二四―二七頁。

(24) このような「青年期」の用法は、教育学者中島半次郎の論考にも見られる（中島半次郎「中学校の倫理科」『教育時論』第四五〇号、明治三〇年一〇月一五日、九―一一頁）。

(25) 高島平三郎「児童の情性を論じて我が国民性の欠点に及ぶ」『児童研究』第二巻第二号、明治三二年一〇月、四頁、塚原政次「児童研究の困難を論ず」『児童研究』第二巻第二号、明治三二年一〇月、一一―一二頁。
(26)「応問」『児童研究』第三巻第七号、明治三四年一月、四六―四七頁。
(27) 石井房江「高島平三郎の小児研究とその時代」心理科学研究会歴史研究部会編『日本心理学史の研究』法政出版、一九九八年、二一七―二五一頁。
(28) 教育ジャーナリズム史研究会編『教育関係雑誌目次集成』日本図書センター、一九九二年。
(29)『児童研究』の書誌分析については、前掲「『児童研究』――学校の学びと教育病理情報」二六八―二八七頁を参照。
(30) 前掲『通史 日本の心理学』六八頁。
(31)「青年時代の研究」『児童研究』第一巻第三号、明治三一年一月、二三―二四頁。
(32)「青年の理想に就きて」『児童研究』第一巻第三号、明治三一年一月、四六頁。
(33) 高島平三郎「少年期に於ける倫理的感情の研究」『児童研究』第一巻第八号、明治三一年六月、五―六頁。
(34)「研究法大意（第十回）」『児童研究』第一巻第一〇号、明治三一年八月、二一頁。「児童心理学者」が誰なのかは言明されていないが、G・S・ホールを指していると思われる。この記事の半年前に、元良は別の雑誌で以下のように述べている。「児童ほど危険なものは無い、前ホール氏も言はれて居る通り特に十五六歳の時機は、生理上心理上一変するの時である」（元良勇次郎「児童研究のこと」『少年世界』第五巻第五号、明治三二年二月一五日、三四頁）。

(35) 前掲「研究法大意（第十回）」二一頁。
(36) 前掲「研究法大意（第十回）」二一―二二頁。
(37) 「中学生徒の監督」『児童研究』第二巻第二号、明治三二年一〇月、三二―三三頁。
(38) 「青年の本領」『児童研究』第二巻第四号、明治三二年一二月、一―四頁。
(39) このような〈青年〉の捉え方は、林がすでに明らかにしているように、明治三三（一九〇〇）年の未成年者喫煙禁止法が制定される過程においても確認できる（林雅代「近代日本の『青少年』観に関する一考察――『学校生徒』の喫煙問題の生成・展開過程を中心に」日本教育社会学会『教育社会学研究』第五六集、一九九五年四月、六九―七四頁、林雅代「未成年者喫煙禁止法の制定と『青少年』観――根本正と山本滝之助の思想に注目して」名古屋大学『名古屋大学教育学部紀要（教育学科）』第四二巻第一号、一九九五年九月、一一七―一二四頁）。ただし同法成立過程で議論されているのは〈青年〉のあるべき規範であり、そこで〈青年〉がどのように構築されたのか、されなかったのかを、林が問うているわけではない。
(40) 「青年時代」『児童研究』第二巻第四号、明治三二年一二月、二八頁。
(41) 「高等学校時代」『児童研究』第二巻第七号、明治三三年三月、三一頁。
(42) 前掲「高等学校時代」三一―三二頁。
(43) おそらく原語は“crisis of life”だと思われるが、確証できてはいない。「人生の危機」を日本に初めて紹介した文章は、本章注(15)の前掲「人生の危機」だと思われる。
(44) 「人生の危期」『児童研究』（第二巻第九号、明治三三年五月、一頁）。執筆者は松本孝次郎。後に、松本孝次郎『児童研究』帝国通信講習会、明治三四年、一六三―一七六頁、松本孝次郎『実際的児童

学』同文館、明治三四年、二〇八―二二〇頁に所収。これらの著書によれば、この論考は松本がイギリスの生理学者ワーナーの説を主に参照して執筆したことがわかる。

(45) 前掲「人生の危期」二頁。

(46) 前掲「人生の危期」二―三頁。

(47) 高島平三郎「青年期及び其の教育（上）」『児童研究』第五巻第四号、明治三五年六月、五―一〇頁、高島平三郎「青年期及び其の教育（下）」『児童研究』第五巻第五号、明治三五年七月、一一―二一頁。

(48) 前掲「青年期及び其の教育（下）」一三―一九頁。

(49) 前掲「青年期及び其の教育（上）」一〇頁。

(50) 「青年と自殺」『児童研究』第六巻第七号、明治三六年七月、一―七頁。

(51) 「厭世的傾向」『児童研究』第六巻第七号、明治三六年七月、四六―四七頁。

(52) 日露戦争後に「煩悶青年」が再び世を賑わすようになると、『児童研究』の「論説」欄は彼等を病人として扱っている。「吾人は、自殺などを行つたもの、或は行はうとした者に就いて、一層精細に生物学的生理学的心理学的の検査を行ひ、特に其の遺伝及び現在の神経状態を調べる必要があるとおもふ……之を救ふ道は医者より外にない。宗教家も教育家も余計な責任を背負ひ込んで、あまり心配せぬがよかろう」（「青年の煩悶及び厭世」『児童研究』第九巻第六号、明治三九年六月、二―三頁）。

(53) このような意味での「青年期」は、一九七〇年代にエリクソンの心理学が日本で紹介されるまでは大枠では続いていたようである。例えば、「道徳の時間」が特設される直前に発行された中学生用道徳副読本である石三次郎・小山文太郎編『中学生の新しい道徳　正しい生き方』（一九五七年四月、清水書院）には以下のようにある。「青年期は十二、三才ではじまるといわれる。私たちも青年期に達した。

青年期は、第二の誕生とよばれ、人生の準備期であり、また人生の危機だともいわれている」（同上、九二頁）。
(54) 前掲「青年期及び其の教育（上）」五頁。
(55) 前掲「青年期及び其の教育（上）」五頁。
(56) 人類進化の歴史を人はその一生において経験するという説。ホールの反復説については、杉本政繁「G・S・ホールの『青年期』における motor education 論」日本体育学会『体育学研究』第二八巻第二号、一九八三年九月、一〇一—一一二頁、及び菅野文彦「G・S・ホールの教育思想の成立——自然科学の進展と反復説」筑波大学『西洋教育史研究』（第一七号、一九八八年、五三—七三頁）を参照。
(57) 「児童と野蛮人との類似点」『児童研究』第一巻第二号、明治三一年一二月、四六頁など。
(58) ホールの質問紙法については、松岡信義「児童研究運動における『科学』観の検討（一）」美作女子大学短期大学部『美作女子大学短期大学部紀要』第三〇号、一九八五年、一—一一頁を参照。
(59) 「青年時代に関する研究」『児童研究』第一巻第一号、明治三一年一一月、四〇頁など。
(60) 前掲『通史　日本の心理学』六四—一〇七頁。
(61) 「学生に関する風紀問題」『児童研究』第二巻第八号、明治三三年四月、一—五頁。
(62) 前掲「人生の危期」三頁。
(63) 「学校騒動の原因を論ず」『児童研究』第五巻第二号、明治三五年四月、一—二頁。
(64) 当時の「学校病」については、斉藤太郎「明治期における学生・生徒の問題行動の理解様式について（一）」東京農業大学『一般教育学術集報』第一〇巻第一〇号、一九七四年五月、二五—三三頁、斉藤太郎「明治中期における精神障害理解の一様相」筑波大学『筑波大学教育学系論集』第一巻、一九七七年三月、七七―九二頁を参照。

(65) 「山田邦彦氏の高等学校入学試験談」『教育時論』第六〇〇号、明治三四年一二月一五日、四八―四九頁。

(66) 「学生と神経衰弱症」『児童研究』第三巻第五号、明治三三年一一月、四三頁、「児童の自殺に就いて」『児童研究』第三巻第五号、明治三三年一一月、四三―四四頁。

(67) 一衛生家(無題)『児童研究』第三巻第八号、明治三四年二月、五二頁。

(68) 山本良吉「校外取締と寄宿舎(上)」『教育時論』第七四七号、明治三九年一月一五日、六―八頁、山本良吉「校外取締と寄宿舎(下)」『教育時論』第七四九号、明治三九年二月五日、七―九頁。中学校教員時代の山本については、黒澤英典「武蔵学園建学の理想と山本良吉の教師論――閉塞的時代をリードした気骨あふれる教育者」『武蔵大学人文学会雑誌』第四一巻第三・四号、二〇一〇年三月、二〇八―二一四頁を参照。

(69) 山本良吉『中学研究』同文館、明治四一年、二頁。

(70) これはあくまで当時の思潮がそうであったということであり、この思潮に真っ向から立ち向かうような思想もなかったわけではない。管見では、その代表例が谷本富の博士学位論文「中等教育の革新」(東京帝国大学、明治三八年)である。谷本はこの論文で、「中学校は教授と同時に教育を行ふ所なり、否中学校は修養所なり、真の修養は生徒各自の個性を十分に承認し、之が発動に広濶の余地を与へざるべからず」と、修養を単なる殺し文句として語るのではなく、自身の修養の何たるかを定義する(『日本教育史基本文献・史料叢書 四七 中等教育の革新』大空社、一九九七年、八八頁)。その上で、本教師の役割とは「生徒各自の個性を熟知し、根機に適応して利導せんことを務む」ことであると、章で見てきたような「教育をするためには被教育者のことをまずは知らねばならない」という枠組みを共有しつつも、その狙いが生徒の対処にあるのではなく、「生徒各自」の「個性」を「発動」させることにあるのだと明快に論じている（同上八八頁）。ただしこの学位論文は「文部省の希望」により公開されず、その内容が公になったのは戦後のことである（斉藤利彦「『中等教育の革新』解説」前掲『日本教育史基本文献・史料叢書　四七　中等教育の革新』巻末一—七頁）。

第六章　煩悶する〈青年〉——教育が青年を包囲する

1　なぜ「煩悶青年」を問うのか

本章では、明治三〇年代半ば以降に社会問題化した「煩悶青年」をめぐる言説を検討することで、そこで〈青年〉がどのように変容したのかを明らかにしたい。

「煩悶青年」とは、日本史上最初に注目された「心の病」[1]を持つ一群である。この青年たちは明治三〇年代半ばに「発見」され、明治三六（一九〇三）年には早くも、第一高等学校生藤村操の投身自殺をきっかけに「煩悶青年の自殺」がメディアを賑わせた。

ただし、「煩悶青年」は一過性の流行語ではなかった。折しも日露戦争後、「青年子女」の取締りを打ち出した、文部大臣牧野伸顕による明治三九（一九〇六）年の文部省訓令第一号（以下、牧野訓令）に象徴されるごとく、〈青年〉を用いた言説が再び世にあふれる。そのブームに乗り、明治末期から大正初期のジャーナリストは〈青年〉を様々に類型化し、「政治青年」「成功青年」「堕落青年」「煩悶青年」などの概念を多用した。中でも有名なのは、徳富蘇峰がまとめた諸類型だろう。(2)ただし、それらの概念のうち「煩悶青年」、つまり悩み深き青年像だけが、〈青年〉の本質として後世まで語られ続けた。つまり、明治三〇年代後半に社会的現象となった「煩悶青年」は、近代日本における〈青年〉の構築に重要な役割を果たしたと考えられる。

「煩悶青年」に関しては、その登場が近代日本における個人主義の台頭期にあったからか、様々な視点からの先行研究がある。代表的なものとしては、日露戦争後に伸張した「個」の意識を「煩悶青年」から読み取った岡義武(3)、岡のこの立論を否定し立身出世が狭き門となったことに「煩悶青年」登場の原因を見るE・H・キンモンス(4)、文学作品中の「煩悶青年」を題材に煩悶する主体の出現とその広がりを描き出した平石典子(5)による研究が挙げられよう。

だがこれらの研究は、「煩悶青年」を時代状況を読み取る手段として用いているにすぎず、「煩悶青年」の波紋がその概念的基盤である〈青年〉に与えたインパクトまでは論じていない。そもそも、明治三〇年代という時代は、「国民国家の基本的な構築を一応完了して社会生活がルーティンで動くようにな(6)」る中で、序章で述べたように男子中等教育が整備され、学生として過ごす青年が急増していた時代である。確かに当時は、まだ〈青年〉を自称することがエリートの特権であることに、明治二〇年代との相違はない。しかし彼らは、もはや自由民権運動末期の野心的青年ではなく、中学生として受験勉強や修養に励む青年、高等学校生として猶予期間を過ごす青年であった。

そこで本章では、以下の手順で考察を進める。まず、そもそも「煩悶青年」とはいかなる存在として誕生したのか。次に、「煩悶青年」はメディアでなぜ問題化されたのか。最後に、問題化された「煩悶青年」はどのように説明され、そこでの〈青年〉は「煩悶青年」登場以前の〈青年〉とどのように異なっていたのか。以上のように「煩悶青年」を検討することで、「煩悶青年」の出現によって〈青年〉の「本質」として語られるものがどのように変容したのかが明らかになるだろう。

2　「煩悶青年」とはいかなる存在なのか

（1）概念としての「煩悶青年」の誕生とその背景

最初に煩悶を鍵概念として用いて自己を語ったのは、平石典子が指摘するように、明治二六（一八九三）年の国木田独歩である。[7] 確かに、「煩悶青年」が世情を賑わす約一〇年前に国木田が煩悶を用いて自己を語っていたことは、注目に値する。しかし、その語られた場は非公開の日記であり、[8]

明治二〇年代においては煩悶はまだ自己を語る概念として一般的には流通していなかった。田山花袋が明治三二（一八九九）年に同年の文学作家の傾向を「煩悶に煩悶を重ねるばかり」と特徴付けた評論[9]においても、そこでの煩悶はただ時流の変化の中で何を書いてよいのかわからない作家の苦悶を表現しているだけである。つまり、少なくとも明治三二（一八九九）年にはまだ煩悶という言葉は人口に膾炙しておらず、それが使用される際にも特別な意味は持たされていなかった。

では、国木田が自己を語る際に用いた煩悶とは、いかなるものであったのだろうか。それは、明治二六（一八九三）年三月一八日の「欺かざるの記」によると、「読書の念」が「功名心の変形」と化している自己への「失望」であり、「悟り得たり吾は偉大の信者、功名宗の信徒たりし也、我の煩悶は全く其の源茲に発したるを見出だせり」と総括される。[10]つまり、国木田における煩悶は「功名」という社会的価値と連結しており、「個」の存在を概念的に問うた明治三〇年代後半以降の煩悶とは意味が異なる。確かに、国木田は別の箇所で「あはれ此混沌たる時代と、此煩悶せる青年輩と、此新生の詩体とは相関係して何等の果をも結ばず止むべきか[11]」と述べている。しかし、ここにおける「煩悶せる青年」は、「天保の老人」に代わって新時代を建設しようと奮闘する「新日本の青年[12]」であり、やはり明治三〇年代後半に学生として猶予期間を享受する「煩悶青年」とは断絶していた。

〈青年〉の煩悶が社会問題として最初に論じられたのは、明治三三（一九〇〇）年の、当時はまだ仏教系雑誌としての特色が強かった『中央公論』誌上である。同誌の記者は「飢えたる青年」と題し、「精神の餓」に苦しみ煩悶する「一部の青年」が、「宗教的情操の満足を切望」しており、内村鑑三の『求安録』と松村介石の『修養録』が版を重ね続けていることを指摘する。[13] そこでは、「腐敗」し「堕落」した青年は論じるに値しないとして退けられ、[14] 煩悶する青年を宗教の力によって「煩悶の状」から救い「心霊を満足」させることが急務だと、[15] 繰り返し説かれた。

では、ここで説かれる〈青年〉とはいかなる存在なのだろうか。前述のように『中央公論』の記者は、具体的に内村鑑三『求安録』及び松村介石『修養録』の読者を想定して煩悶する〈青年〉を論じている。特に注目すべきは、すでに第三章で述べたように、松村の『修養録』が史上最初の本格的な修養書であり、具体的な到達目標が設定されていないことである。つまり、国木田における煩悶と、『中央公論』記者が注目した煩悶とでは、前者が前述のように「個」の存在を概念的に問うたものではないのに対し、後者が脱社会的な「個」の問題の解決を求めているという点で、明確に異なっている。以上のことから、後者の意味での「煩悶青年」は『中央公論』誌上で明治三三（一九〇〇）年に誕生したと言えるだろう。

では、このような煩悶する〈青年〉が論じられるようになったのにはいかなる時代背景があったのだろうか。

まず指摘できるのが、本書でもこれまで繰り返し言及してきた、明治二〇年代後半からの中学生の急増と明治三〇年代前半からの高等学校生の増加、つまり煩悶し得るだけの知識と時間を有した青年の量的増加である。

次に、品性、宗教、倫理、修養、人生、理想、人格などの概念が明治二〇年代以降に知識人層において定着したことで、その言説や思想をメディア等を通して受容する青年が自己の存在や生そのものをこれらの近代概念によって理解しようとする試みが可能となったことが挙げられる。つまり、煩悶するために必要な近代概念の獲得である。

最後に、主に第三章で論じたように、従来の「立身出世読本」とは別の価値観を提起し、「画一的」「注入的」「形式的」な学校教育を批判する修養論が、明治二〇年代半ばに誕生したことが指摘できる。この最後の点は、学校教育における国民形成に対しての、教育者・評論家が抱く不満の現れであった。その不満の対象は、主に精神的・意志的なものの学校教育における欠如にあり、ゆえに松村などの宗教者がオピニオンリーダーとなって学校教育批判の修養論を展開した。そこで想定された〈青年〉とは、立身出世ではなく精神的なものに餓えた存在であり、それが明治三〇年代半ばに「煩悶青年」と呼ばれるようになったのである。

これら三つの条件、すなわち学生である青年の量的増加、煩悶するための近代概念の定着、修養論の誕生、以上が揃うことで、煩悶する〈青年〉が論じるべき対象として立ち上がってきたのである。

（2）「煩悶青年」の登場

その翌年の明治三四（一九〇一）年には、はやくも宗教的精神論を超えて近代的自我の意味づけに悩む「煩悶青年」が登場する。メディアにおいて自己を語る際に、初めて煩悶をキータームとしたのは、高山樗牛である。樗牛は、以下のように語る。

> 予は矛盾の人也、煩悶の人也予が今日までの短かき生涯は、実に是の矛盾煩悶の中に過ごされたり……畢竟悟らむが為には吾が情強きに過ぎ、迷はむが為には吾が智明なるに過ぐ、予は是の中間に佇徊して遂に其の適帰する所を知らざる也（傍点引用者）[16]

「悟」は「意思の鍛錬」を要する宗教的悟りであり、「迷」は「一切の欲求を解放」し世俗に耽溺することである。[17] 宗教によっても救われず、欲望の解放を試みようにも「流石に疾しかりき」と苛まれる、[18]近代的自我の彷徨を読み取ることができる。
樗牛の新しいところは、その彷徨を煩悶という用語で表現し、それを鍵概念として以下のように自らの「人生」[19]の意味を問うたことにある。

高山樗牛
（国立国会図書館所蔵）

余は実に是の十数年の歳月をかゝる煩悶の間に過ごし、人生の負荷、寧ろ其重きに堪えざるを覚えたり。而かも予は幸に絶望せず、歎嗟せず、何時かは光明の天地に遭遇するの日あるべきを信じて静に其の修養に勉めたりき。今や齢既に而立に及びて青春将に暮れなむとす、而して矛盾と煩悶と依然として元の如き也（傍点引用者）[20]。

樗牛が背負いきれなかった「人生の負荷」とは何か。樗牛は直後に、「宗教」「文芸」「趣味」「理想」の中で「人生を解す」ことにより、「最も完全なる意味に於て『人』たること」が達成されると説く[21]。この「宗教」「文芸」「趣味」「理想」という四つの概念は、樗牛が論説「美的生活を論ず[22]」において希求した、「忠や義や、道学先生の窺知」という表象知に媒介されることのない「至高の満足」に直結する近代概念であり、このような近代概念によって自己の生を意味づけることこそが、「人生の負荷」を自らのうちに昇華させることであった。樗牛はこの試みを達成するために、「修養[23]」に励む。しかし遂げられず、自らの「青春」が黄昏にさしかかっていることを繰り返し嘆く[24]。すなわち、「人生」問題に直面し、考え得るかぎりの「修養」に励むも甲斐なく、「依然として元の如き」自己、つまり自らの生きる意味を観念的に見出せないまま「青春」が終わりつつあることを、樗牛は嘆息しているのである。

このように、樗牛の煩悶は宗教的意味での精神論を超えた、自己の生を近代概念によって問う試みであった。近代的自我の問題を抱えた「煩悶青年」は、自己の生の意味づけに切迫され、その切迫を表現し得る煩悶という概念を獲得した青年そのものの登場によって、現出したのである。

自我意識が惹起する己の生の意味づけへの希求と、その解決のための修養の失敗は、樗牛に特権化されたものではない。例えば、明治四一（一九〇八）年に『希望の青年』を著し、典型的「煩悶青年」として世に現れた木山熊次郎を挙げよう。木山は、自己が励んできた「人格の修養」を、無意味な「馬鹿な真似」と切り捨てる。その上で、読者である青年に、過去の「人格の修養」＝「馬鹿な真似」を赤裸々に語り、轍を踏まないよう諭す[25]。樗牛と木山は、ともに高等学校入学後に自己の意味を問う煩悶を開始し、その解決方法としての修養に苛まれ、だが結局、修養では煩悶は解決していない。[26]つまり彼らは、勉強に勤しみ修養を積むという、まさに教育者が期待する絵に描いたような〈青年〉＝青年であったにもかかわらず、煩悶に苦しんだのである。樗牛に具現化された「煩悶青年」は、後述する「煩悶青年」をめぐる言説の氾濫を横目に、少なくとも明治四〇年代初頭までは継承されたのである。

3 「煩悶青年」はなぜ問題とされたのか

（1）藤村操の投身自殺

明治三四（一九〇一）年に樗牛が「煩悶青年」として登場して以降、「煩悶青年」が注目され始める。例えば翌年には、雑誌『中学世界』主幹の上村左川が、「人生と真面目なる初対面をなす」「二十歳より三十歳の間」を「煩悶の時代」と位置づけ、警告している。[27]

中でも、明治三六（一九〇三）年五月二二日の第一高等学校生藤村操の投身自殺と、その直後から世に広まった遺書「巌頭之感」のインパクトは絶大であった。この遺書は、藤村の叔父である高等師範学校教授那珂通世《なかみちよ》が黒岩涙香主幹『万朝報』に寄せた文中のものが初出であり、全文は以下のとおりである。

悠々たる哉天壌、遼々たる哉古今、五尺の小躯を以て比大をはからむとす。ホレーショの哲学竟に何等のオーソリチィーを価するものぞ、万有の真相は唯だ一言にして悉す、曰く『不可解』我この恨を懐いて煩悶、終に死を決するに至る。既に巌頭に立つに及んで胸中何等の不安あるなし。始めて知る大いなる悲観は大いなる楽観に一致するを。[28]

華厳の滝口の大樹に彫られたこの遺書からは、広大な世界と悠久の歴史を一身で把握しようとするが、哲学は無価値であり真理は何も解することができない、という煩悶が読み取れる。ここでの把握（藤村の言う「はからむ」）とは、無限の空間・時間における「五尺の小躯」の存在そのものを問うことである。つまりこの遺書に基づけば、藤村の自殺は、藤村が自らの存在理由を知ることに苛まされる状況に置かれ、その状況は哲学によっては何等解決されることがなく、生きる意志を失い自ら命を絶ったと解釈されるのである。

藤村操
（東京大学駒場博物館所蔵）

　この投身自殺は、世に大きな波紋を及ぼす。というのは、藤村が将来を保証されたエリートであったからのみならず、その自殺の理由が観念的であったからであり、そして何よりも、高等学校生という猶予期間を過ごす青年の自殺であったからである。この事件は、瞬く間に新聞・雑誌に関連記事が掲載され、社会問題化した。[29]

（2）「煩悶青年」を問題化する論理

そのほとんどは、藤村の自殺を「煩悶青年」の問題へと一般化し、その否を説くことに躍起になった。例えば大町桂月は、藤村を「乞食のくせに、余りに欲多」い「精霊上の乞食」とし、「一身あるを知りて、社会あるを知らず」とその自殺を酷評する。[30] 桂月の主眼は、「国家より一身が大事」な「個人主義」に対抗するために「儒教を活用する」ことが困難になったことを指摘することにあり、桂月が言うところの「社会あるを知らず」の社会とは、国家と同義である。[31] また、大塚素江は論説「自殺と青年」において、「自殺なる行為は悪しき事」と結論を先に述べ、その理由を「〔自殺の――引用者〕自己に対する残賊は、自己一身の損失として、不合理に諦め得べきも、社会国家に被らしめる損失危害は、如何して償ひ得可きか[32]」と語る。つまり、〈青年〉とは社会国家にとって有用となるべきという前提があり、自ら命を絶つとその有用性が失われ社会国家に「損失危害」を与えるという理屈である。

このように、藤村の自殺直後にあふれた「煩悶青年」批判は、もっぱら国家にとっての損失という視点から展開された。この論理はさらに問い詰めると、長谷川天渓がそうであったように、国家を介しない「個性欲望の満足」（「個人性発展主義」、「個性発展論」とも表現されている）そのものをふさわしくないものとして退けることになる。[33]ごくまれに、「信仰」「恋愛」を〈青年〉における「開拓の使命」の根源としてその意義を説く者もいたが、[34]このような論はあくまで少数派だった。すなわち、「煩悶青年」は国家にとって損失であるからこそ大々的に問題化された。さらに、国家という枠内での利害関係において初めて、青年の「個性」、すなわち生まれながらに個人に備わった性格[35]に基づく「欲望の満足」やその性格の「発展」が、対処すべきものとして注目され始めたのである。

日露戦争を経て、対露敵愾心が冷却され国民の目が内を向く明治三九（一九〇六）年になると、「煩悶青年」批判が再び過熱する。中でも徳富蘇峰は、「前途有望なる青年」が「人生問題の研究者＝精神的煩悶広告者＝神人交通者＝慢心的精神病者＝二十世紀の泣虫」となることを嘆き、「人生問題抔に、執着」せず「当面の仕事」に励めと説く。[36]さらに、「人生問題」を惹起する要因の多くが「失恋」にあるとし、その当時の風潮に乗って、「失恋と申すは、前後の分別なき、人事の釣合を知らず、人情の曲折を解せず、思切りの悪しき、決断の少なき、忘想者の幻影に候」[37]と断じる。蘇峰の危機感は、国家に興味をもたない国民の予備軍とも言うべき青年が増加していることにあり、[38]

ゆえに無妻論を主張するわけではないと断りつつ、[39]「青男青女の恋愛抔は、何うでもよし、斯るたわひもなき事に、煩悶するとは、以の外也。若し恋愛する程ならば、一層大きく出でゝ、国家と御結婚可然[40]」と、「煩悶青年」に国家との結婚を勧める。このように、日露戦争後において「煩悶青年」が問題として扱われることは、結局のところ国家にとっての損失という日露戦争以前と同一の問題意識に端を発していた。

では、藤村自殺のおよそ二か月後に発表された論説「現時青年の苦悶について」で「亡友樗牛の明言」を最後に引用し、当時最も「煩悶青年」に理解があったと思われる姉崎正治はどうか。姉崎は藤村の自殺動機について、以下のように述べている。

> 失恋であるか何であるかは知るを得ないが、彼れの意志問題が To be or not to be の中 not to be の方に決定するだけの動力はどこかにあったのであらう……要するに彼れの苦悶を自由に発露せしめなかった為、即ち教育や社会の拘束圧制の為めに内の苦悶を強め、而して外からは此の決定解釈を翻へさせるだけに有力なる慰藉が来なかったからである事だけ明白であれば十分である[41]（傍点引用者）。

当時、藤村自殺の原因として彼の失恋（という噂）が取り沙汰されていた。姉崎はそれらの言論について、問題の所在は失恋の真偽云々ではなく、煩悶に苦しむ藤村が教育や社会における制度・規範に縛られることでさらに煩悶を深め、死を決することを翻すに足る慰めといたわりに触れることがなかったことにあると論じている。このように藤村自殺のきっかけ（「失恋」）を原因（「教育や社会の拘束圧制」）と取り違えていない論者は、管見の範囲では姉崎などごく少数であった。

以上本節で述べたように、青年の煩悶は、青年から国家における有用性を損失させるからこそ、問題とされた。つまり、「煩悶青年」をめぐる言説とは、青年を「将来の国民」という正しいレールに戻す説得戦略が言説化されたにすぎなかったのである。

4　「煩悶青年」の出現はどのように説明されたのか

（1）「煩悶青年」の汎化と本質論化

では、「煩悶青年」はどのような存在として説明されたのだろうか。そしてその結末として待っていたのは、一体何だったのだろうか。

藤村自殺から日露戦争開戦までの約半年間、マスコミにおいて煩悶の原因として主に槍玉に挙がったのは、青年の「意志薄弱」、「軽薄」な小説と「似而非」哲学の蔓延、個人主義の思潮、理想(野心)と現実との衝突などであった。また、西洋近代概念の日本への流入と定着や、労働力の需要と供給のミスマッチといったマクロな視点からの説明も、明治三六(一九〇三)年の時点ですでになされていた。(42)概して、「煩悶青年」を論じる枠組みは、日露戦争以前にほぼ出尽くしていたのだが、これらの説明はどれも、エリート青年の煩悶への有効な解決手段を提供し得なかった。(43)中には万策尽きて、「成功も運なれば、失敗も運也。病も運也。死も運也。力足らざるものは、養はむとをつとむべし。養うて得ざれば、天賦也、即ち運也とあきらむるまでの事也……これくらいの事が、わからずば、しかたなし」(44)と嘆き、青年が自らの限界を察知してしまうからこそ近代概念を駆使して人生の意味を問い煩悶するのだということに思いが至らず、自らの無理解が露呈するような議論を展開する論者もいた。つまり、国家との関わり以前の自我に誘発された孤独・恋愛などの意識を、品性・宗教・修養などの近代概念で理解することに苛まれ苦しむ青年に対しては、様々な雑誌上に溢れた煩悶の解決策は、焼け石に水だったのである。

ただし、「煩悶青年」が様々なバリエーションで説明されたことの結末は無視できない。というのは、樗牛と藤村に代表される「煩悶青年」が、「意志薄弱」や小説の悪影響などといった非エリートにもあてはまる説明をなされた結果、「煩悶青年」の意味するところが拡大したからである。

例えば島崎藤村は、明治三七（一九〇四）年に自らの詩集の「序」において、「こゝろみに思へ、清新横溢なる思潮は幾多の青年をして殆ど寝食を忘れしめたるを。また思へ、近代の悲哀と煩悶とは幾多の青年をして狂せしめたるを」[45]と語っている。つまり島崎は、世の一定の理解を得られるという認識のもとに、「幾多の青年」が「近代の悲哀と煩悶」に襲われていると語っており、これは「煩悶青年」の意味が拡大していたことの表れである。

このように「煩悶青年」が汎化する一方で、「煩悶青年」に対して自らの〈青年〉時代の煩悶を回想しつつ、「青年なら誰でも煩悶する」と説得を試みる論者が、藤村自殺以降散見されるようになった。例えば博文館の記者武田鶯塘は、「厭世観！　これは青年に一度は来る悪魔」と述べ、自らの「煩悶し、苦悩し、最後に常識を失って、殆ど瘋癲と同じ結果に陥った」経験を語っている[46]。つまり、自分の過去の体験を煩悶という新しい概念で捉えなおし、「青年なら誰でも煩悶する、煩悶は時が解決する」という説得である。また、ありきたりな時代状況の指摘では問題解決に程遠いことに気付いていたであろう論者もいた。前述の大塚の論説は、客観的なデータに根拠を置くことに意を用いており、同時代の他の論説に比べると客観性・論理性は卓越している。しかしそれゆえになのか、青年が煩悶する原因としてありふれた説明をすることはせず、結局は煩悶の原因が「最も熱情に、最も無分別」な〈青年〉の本質に求められ[47]、これ以上議論が深められていない。武田と大塚の論説に代表される「煩悶の本質論化」は、〈青年〉なら誰でも煩悶するという認識を広め、「煩悶青年」の意味の拡大を大きく推進する役割を果たしたであろう。

以上のような、明治三六（一九〇三）年から翌年にかけての「煩悶青年」を様々に説明する言説は、結果として「煩悶青年」の意味を拡大し、「煩悶青年」として認定される（または自認する）多数の青年を生むこととなった。その結果、一部のエリート予備軍に限られ多くの人にとっては非日常的存在であった「煩悶青年」が、少なくとも小説などの読み物の題材として消費されるレベルにまでは大衆化していく[48]。たとえ読者が「煩悶青年」を直接知らずとも、新聞や雑誌を通して既視化された空想上の「煩悶青年」を、ある者は自分の問題として読み、またある者は「煩悶青年」の不幸な結末を読んで溜飲を下げるのであり、いずれにせよ「煩悶青年」が消費の対象となり、大衆化したことの現れであることにかわりはない。

(2) 日露戦争後における「煩悶青年」

日露戦争後に一層「煩悶青年」へと注目が集まったことは、三宅雪嶺が「今は帝国大学出身者にして職業を求め得ざるあり」と現状把握した上で「煩悶するを職業と成す者」の増加を警告しているごとく[49]、いわゆる「高等遊民」の先駆けの発見をもたらしたが、他方では煩悶が〈青年〉の本質として説明され、エリートに限らない汎化された「煩悶青年」への対応がより一層求められた。特に、先に挙げた明治三九（一九〇六）年三月における蘇峰の論説は、「地方の青年に答ふる書」という形式を採っていること自体が、汎化された「煩悶青年」を対象としていることの現れであり、そこでの「煩悶青年」の扱いは注目すべきである。

この論説で蘇峰は、樗牛をやり玉にあげて「美的生活とは、豚的生活に候」と罵倒するが[50]、樗牛がなぜ「美的生活」を求めざるを得なかったのか考えようともせず、ただひたすら「煩悶青年」における愛国心の欠如を嘆き、「国とは自我の最も膨張したる者に候。故に国家を愛するは、己を愛する所以に候」と、国家を通した自我実現を説き続ける[51]。ここでの〈青年〉には、自由民権運動末期に蘇峰が説いた〈青年〉からの大きな転換が確認できる。確かに、蘇峰は従来と同じくここでも「明治の青年」という語を用いている。しかし、日露戦争後に書かれたこの論説における「明治の青年」には、かつてそうであったような「天保の老人」に対比された「新日本」建設の期待は微塵も感じられず、「前途有望なる青年」などと言うときも皮肉の文脈でしかない[52]。もはや、蘇峰にとっての〈青年〉は、国家改造への期待を背負った準備段階としての存在ではなく、「今日何事を成さんとするも国の力に頼らずして、出来可きものに無之候……何事を成すにも、其の第一着手は、国家との相談に候[53]」という現実、つまり国家が主で自己が従であることを直視すべき存在でしかなかった。

同様の議論は、主に日露戦争後に雑誌『太陽』及び『中学世界』で筆をふるった長谷川天渓にも確認できる。長谷川は、青年の煩悶を「恋愛病」「没国家病」などと説明するにとどまる点で、蘇峰と変わらない[54]。しかも長谷川の場合は、青年の煩悶を「青年病」「心の病」と本質論化しつつも、その対策としては、「寄生虫のざまにて、恋愛など〻、贅沢のこと言ふ」者に「独立の生活」や国家を通した「自己実現」を説くのみである[55]。つまり、蘇峰も長谷川も、「煩悶青年」を汎化して論じる中で、自由民権運動末期には第一義的に将来の変革を期待すべき存在であった〈青年〉を、既成の国家へと順応するよう対処すべき存在へと転換することを推し進めたのである[56]。

もう一つ、日露戦争後の注目すべきこととして、煩悶する「女子青年」が登場したことが挙げられる。そのきっかけとなったのは、明治三九（一九〇六）年一月二六日、岡山の山陽高等女学校生松岡千代の自殺であった。松岡の自殺は、主に『読売新聞』によって報道された[57]。これまで煩悶は男子に特権的なものとして語られていたが、松岡の自殺以降は女学生向けの雑誌以外でも「男女青年」のこととして語られるようになっており[58]、この事実をもって松岡自殺の同時代的インパクトが大きかったことは察することができる。

しかしそこでの煩悶は、男子のそれとは非対称的であった。まず、松岡の自殺は藤村の場合と異なり、雑誌でほとんど扱われることがなかった。特に『女学世界』では、松岡自殺の「悪影響」が懸念されての処置だと推測されるが、「男女青年の煩悶」や「男女青年の自殺」が論じられる際にも松岡自殺の件は不自然に触れられていない。[59] しかも、「男女青年」の煩悶が語られる際、用語としては「男女」となっていても、具体的には成功熱の戒めや武士道の奨励など、男子のみが念頭に置かれて語られる場合がほとんどであり、[60] まれに「女子青年」に限定して煩悶が取沙汰される際には、学生風紀問題の延長として認識されることが多かった。[61] つまり、明治三九（一九〇六）年一月に松岡の自殺が報じられることによって「女子青年」の煩悶が語られるようになる一方で、そこで語られた内容は男子の場合とは大きく異なっており、その結果、本質的な煩悶は男子の特権とされていったのである。

(3)「煩悶青年」の囲い込み

明治三九（一九〇六）年六月に牧野訓令が出されてからは、「煩悶青年」をめぐる言説が、青年の「教育」への囲い込みという具体性を帯びる。同訓令は、「近来青年子女」に「空想ニ煩悶シテ処世ノ本務ヲ閑却スルモノアリ」と指摘する。さらにその原因が「家庭ノ監督其ノ方ヲ誤リ学校ノ規律漸ク弛緩セルノ致ス所」にあるとし、「近時発刊ノ文書図書」が「厭世ノ思想ヲ説」くことを「教育上有害」と断定している。[62] つまり、「煩悶青年」が問題であるという認識と、彼らを学校及び家庭での教育で囲い込むという方針の強化が訓令によって言明されたのであり、世の反響も大きかった。

その反響の代表格が、『新公論』誌上で二号連続で組まれた特集「如何にして衰世の悪傾向を防止すべき可　厭世と煩悶の救治策」である。この特集における「煩悶青年」は、汎化され、言説上は「女」が含まれ、青年の囲い込みが幾重にも主張されているという点で、日露戦争後の「煩悶青年」をめぐる語りの特徴を最もよく表している。

まず注目すべきは、花井卓蔵が現今の「青年男女」について、「余に煩悶なし、余に厭世観なしと言ふは、寧ろ虚言なりと確信仕候」、つまり〈青年〉ならば誰でも煩悶すると断言していることである。[63] この「煩悶青年」の汎化・本質論化は、「煩悶青年」へのマスとしての対応、つまり教育による囲い込みを要求する。この特集の先頭で論じた山根正次は、「近時流行の青年男女の煩悶的厭世思想」を「教育問題」と捉える。[64] 続けて、「煩悶的厭世思想」が「流行」する原因を、現今の「教育制度」が「社会に遠距離の人物を製造」していることに求め、対応策として、「単に技術的の人材を製造するを意味せず、寧ろ社会的人間を製造」するための「実業教育を盛に」することを提唱する。[65] 鳩山春子は、「学校教員の責任よりは寧ろ子供を教育する両親殊に母親の之を予防する事必要と存じます」と説き、具体的に「青年期」までは家庭で将来の「厭世」・煩悶を封じるよう意を用いるべきとし、[66] 谷本富も「教育上救済法」として、「幸福なる善良の家庭に於て教養」するための「家庭の改良」を「第一諦」とする。[67] 山根、鳩山、谷本の意見は三者三様だが、煩悶への対策として「青年男女」を学校と家庭に囲い込むという志向は共通している。

このように、「煩悶青年」を教育の力によって解決しようとする志向は、ほぼすべての論者に共通して見られた。確かに牧野訓令以前にも、「煩悶して遂に滝壷に身を投げると言ふやうな者」への対応を家庭と学校（とその「連絡」）に求め、「十五六から、二十歳ぐらいの青年」の「保護的教育」を唱える論者もいたが、[68] このような論が、牧野訓令によって青年を教育によって囲い込むことのお墨付きを得ることで、その後、様々な論者によって広く説かれるようになったのである。

その代表例として、愛知県第一中学校校長日比野寛が当時の教育界大手出版社金港堂から刊行した『青年子女堕落の理由　附其矯救策』[69] があげられる。同書が「青年子女」を論じながらも、実際は論じる対象が学生にほぼ限定されてしまっていることは、斉藤太郎が指摘する通りである。[70] 重要なのは、おそらくその限定が無意識に、当然のこととしてなされ、かつ同書には「堕落」の対処策として「其矯救策」が附録されていることである。『教育時論』の社説「此社会にして此青年あり」にしても然りで、タイトルで「青年」を掲げながらも実際に論じているのは「学生生徒」であり、

「学生生徒の風紀廃頽は、現社会当然の産物である」ので「学校と双々相須って」「家庭」と「社会」が対処しなければならないと説く。[71] また、「青年期」研究者たちも牧野訓令に刺激を受けて、G・S・ホールの大著 *Adolescence* の抄訳を、「直接間接に教育に関係ある人士が、実際上の施設に於て、此書の所論を参酌せられんことを希望」して明治四〇（一九〇七）年に開始する。[72]

このような点にこそ、当時の〈青年〉の特徴が如実に現れている。すなわち、明治三九（一九〇六）年六月の牧野訓令をきっかけに、第一義的に対処すべき存在である「学生青年」への対処が、修養という名の青年の自助努力に加え、露骨に教育という具体性をおびたのである。

ここに成立した〈青年〉の最も典型的な姿が、同時期の『中学世界』誌上に確認できる。定期増刊号として刊行された『中学世界　学生座右録』の巻頭論文「現代の趨勢と青年の覚悟」[73]は、増刊号のタイトルに「学生」とあるのに巻頭論文で「青年」に呼びかけることに何の躊躇もない。この論文ではまず、最近の〈青年〉に流行するのは「実利主義」に基づく「個人主義」、すなわち「自我の意識」を伸張させ「煩悶と不平」を誘発する「個人主義」であり、この「個人主義」に抗する手段は「武士道」「博愛主義」「宗教」「文芸」など「茫々乎」としており、青年はまさに「人生の広野」に置かれていると、現状を分析する。[74] しかし〈青年〉はそこを進まねばならないのであり、「所謂新日本の青年は今日已に青年にあらず……二十世紀の日本は我等の舞台なり、新世紀の世界は我等の戦場なり。われ等は如何にして出陣の用意をなすべきか」[75]と、現今の〈青年〉をかつて蘇峰が説いた「新日本の青年」と差別化し、鼓舞する。

しかしその鼓舞は内実に乏しく、続けて以下のように「新世紀」の〈青年〉における「覚悟」を説くことで、文が結ばれる。その「覚悟」とは第一に、「自己の地位と責任とを自覚せざるべからず」ことであり、その「自覚」は「天職を自覚」することだと言い換えられている。[76]「自己の地位と責任」を「天職」として固定化、改編不可能なものと自覚させることは、確かに「個人主義」を乗り越えるには絶好の手段だろう。第二の「覚悟」は、「反俗的精神の修養を要す」[77]ることである。「反俗的」というのは「俗世間の流行に盲従」しないことであり、「盲従」しないようにするためには、「或は誠実と言ひ或は勇気と言ひ或は健忍と言ひ或は勤勉と言ひ或は品性と言ひ有らゆる方面の個人的修養」が必要だと論が展開する。[78]ここに語られる修養は、進学熱に対するクールダウンを意図したものではなく、また「個人主義」への埋没に向かう恐れのあるような宗教的な自己形成でもなく、単なる分に応じた自己形成であるという点で学校教育と非常に親和的であることは、もはや言うまでもないだろう。[79]

5 「煩悶青年」をめぐる言説の歴史的意義

以上、本章でこれまで論じてきたように、「煩悶青年」は、煩悶し得る時間的余裕のあるエリート青年の増加、煩悶するための近代概念の定着、修養論の誕生、以上三つの条件が揃った明治三三（一九〇〇）年に誕生した。その翌年には早くも、「煩悶青年」の具現として高山樗牛が登場した。ただしそこでの煩悶とは、「宗教的情操」への希求を超えた、近代的自我に基づいた自らの生の意味を近代概念で了解することへの苛みであった。また、このような煩悶は少なくとも明治四一（一九〇八）年の木山熊次郎まで継承された。

「煩悶青年」が広く社会的に問題化されたきっかけは、明治三六（一九〇三）年五月における一高生藤村操の自殺であった。藤村自殺以降に急増した「煩悶青年」をめぐる諸論説は、「煩悶青年」に好意的なものもあれば痛烈な批判を浴びせるものもあった。だが結局のところ、「煩悶青年」を問題化する論理は共通しており、その論理とは、「煩悶青年」が将来有用な国民となるはずの〈青年〉の失敗作であり、そのような青年には何らかの対処が必要であるというものだった。

「煩悶青年」をめぐるこれらの論説では、「なぜ煩悶するのか」という問いに対し、「意志薄弱」

や小説の悪影響などありきたりな時代状況が回答としてあてがわれた。その結果、「煩悶青年」の意味するところが高等学校生という特権的エリートから中学生へと拡大し、その拡大と論理を相互に補完する形で、煩悶の原因が〈青年〉の本質＝「心」に求められ始めた。日露戦争後には、このような「煩悶青年」の汎化と本質論化が言説上広く浸透し[80]、蘇峰や長谷川など当時の著名な論者によって、すでに失われかけていた自由民権運動末期以来の期待すべき存在としての〈青年〉である「立志の青年」はさらに矮小化され、明治三〇年頃から台頭していた対処すべき存在としての〈青年〉である「学生青年」がより強化された。

このような〈青年〉はあいかわらず男子に特権的なものであり、松岡千代の自殺以降に「女子青年」の煩悶が男子のそれと非対称的に語られる中で、その特権はより強化された。明治三九（一九〇六）年に牧野訓令が出されると、「青年男女」の煩悶への対応が、教育という具体性をおびる。そこでは教育の内容はまだ議論にならない。ただし、牧野訓令とその後の「煩悶青年」をめぐる言説は、本質的に対処すべき存在とされた「学生青年」への対処を、具体的に教育とした、歴史的意義を有する転換点であった。

注

（1）「心の病」という用語は、日露戦争後の明治三九（一九〇六）年から散見されるようになる（長谷川天渓「青年病」『中学世界』第九巻第六号、明治三九年五月一〇日、一頁、三輪田真佐子「聖賢の教を標準として決行せよ」『新公論』第二一巻八号、明治三九年八月、九頁、など）。ただし、以下本章で詳述するように、同様の見方は日露戦争以前からあった。

（2）蘇峰は「大正の青年」を「明治の青年」と対比するに際し、「模範青年」、「成功青年」、「煩悶青年」、「耽溺青年」、「無色青年」に類型化している（徳富猪一郎『大正の青年と帝国の前途』民友社、大正一年、九一二八頁。

（3）岡義武「日露戦争後における新しい世代の成長　上」『思想』第五一二号、一九六七年二月、一一一三頁、岡義武「日露戦争後における新しい世代の成長　下」『思想』第五一三号、一九六七年三月、八九一一〇四頁。

（4）キンモンス、E・H、広田照幸・加藤潤・吉田文・伊藤彰浩・高橋一郎訳『立身出世の社会史』玉川大学出版部、一九九五年、一八九一二二八頁。原著は Earl H. Kinmonth, *The Self-Made Man in Meiji Japanese Thought: from Samurai to Salary Man*, University of California Press, 1981.

（5）平石典子『煩悶青年と女学生の文学誌——「西洋」を読み替えて』新曜社、二〇一二年、一五一五〇頁。

（6）丸山眞男著、松沢弘陽訳「個人析出のさまざまなパターーン」ジャンセン、M・B編『日本における近代化の問題』岩波書店、一九六八年、三八五頁。

（7）前掲『煩悶青年と女学生の文学誌——「西洋」を読み替えて』一八一二〇頁。

（8）国木田の死後、明治四一（一九〇八）年以降に、隆文館などから『欺かざるの記』として公刊されている。
（9）田山花袋「明治三十二年を送る」『中学世界』第二巻第二八号、明治三二年一二月二五日、二一六頁。
（10）国木田独歩「欺かざるの記　前編」『定本国木田独歩全集第六巻　増補版』学習研究社、一九九五年、六六一―六九頁。なお、国木田における煩悶を正確に把握するため、草稿との照合を経た全集所収版の「欺かざるの記」を参照した。
（11）国木田独歩「独歩吟　序」宮崎湖処子編『抒情詩』民友社、明治三〇年、七―八頁。
（12）前掲「独歩吟　序」六―七頁。なお、国木田は一〇代後半の東京専門学校在籍時から『青年思海』に寄稿するなど、蘇峰の影響を全面的に受けていた（関肇「国木田独歩の自己形成」私学研修福祉会『私学研修』第一五六号、二〇〇一年二月、二九―三二頁）。
（13）「飢えたる青年」『中央公論』第一五巻第三号、明治三三年三月、五五―五六頁。内村と松村はともにキリスト者であるが、当時のキリスト教系雑誌では煩悶も「宗教的情操」も論じられてはいない。例えば、明治三三（一九〇〇）年の雑誌『六合雑誌』では、もっぱら倫理と修養のあり方が問題とされており、青年の社会的逸脱が指摘される際にも煩悶は語られていない（「青年失敗の一大理由」『六合雑誌』第二二九号、明治三三年一月、九―一二頁）。
（14）前掲「飢えたる青年」五五頁。
（15）「青年の飢渇」『中央公論』第一五巻第一一号、明治三三年一一月、六三頁。「心霊」については第三章を参照。
（16）樗牛生「姉崎嘲風に与ふる書」『太陽』第七巻第七号、明治三四年六月五日、四六頁。姉崎嘲風は、姉崎正治の筆名。樗牛と姉崎との関係、及びこの論説の成立過程については、長尾宗典『〈憧憬〉の明治精神史――高山樗牛・姉崎嘲風の時代』ぺりかん社、二〇一六年、八七―一五六頁を参照。

(17) 前掲「姉崎嘲風に与ふる書」四六頁。

(18) 前掲「姉崎嘲風に与ふる書」四六頁。

(19) 明治三〇年代初頭から評論・小説などで「人生」が多用されるようになり、明治三三(一九〇〇)年刊行の徳冨蘆花『自然と人生』のように「人生」を冠する書籍も刊行され始める。ただし、当時の「人生問題」とは生涯設計の問題ではなく、「我何者ぞ」という自問への回答を求めることであった。

(20) 前掲「姉崎嘲風に与ふる書」四六頁。

(21) 前掲「姉崎嘲風に与ふる書」五一頁。

(22) 樗牛生「美的生活を論ず」『太陽』第七巻第九号、明治三四年八月五日、三三―三四頁。なお、論説「美的生活を論ず」は発表直後から「本能主義」などと揶揄されることがあったが、これは完全に誤読である。樗牛は「本能」そのものを肯定しておらず、「道徳」そのものを否定してもいない。ただ、ある行為が本人にとって「価値の絶対なるもの」に発したかどうかが「美的」の判断基準であり、樗牛の矛先は、「人生」が本来手段であるはずの「道徳」に縛られ「義務の永遠なる連鎖」と化していることにあった(前掲「美的生活を論ず」三六―三七頁)。

(23) 樗牛がここで言う修養とは、煩悶を克服するためのあらゆる自己形成という意味であろうが、具体的には語られていない。栗田英彦は、当時の「諸宗教の観念や実践」が修養として「倫理的宗教論の枠組みで鋳なおされる」プロセスを解明しているが(栗田英彦「明治三〇年代における『修養』概念と将来の宗教の構想」日本宗教学会『宗教研究』第八九巻第二号、二〇一五年一二月、五一―七三頁、引用は六九頁）、管見では樗牛の思想はその文脈において把握することはできない。「身世茫々として青春早やく既に暮れなむとす」とある。
（24）前掲「姉崎嘲風に与ふる書」四〇頁においても、「身世茫々として青春早やく既に暮れなむとす」とある。
（25）木山熊次郎「自序」『希望の青年』内外教育評論社、明治四一年、一三―一七頁。同書は、同書に再所収されている論文「求めたりされど与へられず」が、丁酉倫理会『丁酉倫理会倫理講演集』（第六八号、明治四一年五月五日、一―二九頁）に初掲載された後の反響を受けて執筆された。
（26）高校在学時の木山については、木山熊次郎「校風の今日」第一高等学校校友会『校友会雑誌』第九四号、明治三三年二月、一一―一九頁、内外教育評論社編『木山熊次郎遺稿』内外教育評論社、大正二年、一―四八頁を参照。
（27）上村左川「煩悶と安心」『中学世界』第五巻第四号、明治三五年三月一〇日、九―一〇頁。
（28）「藤村操の『巌頭之感』」『万朝報』明治三六年五月二六日。ホレーショとは、ハムレットに登場する人物を指し、当時は似非哲学者の代名詞として用いられていた。詳しくは黒岩涙香「藤村操の死に就いて」『万朝報』明治三六年六月一六―一八日を参照されたい。
（29）藤村の自殺とその波紋については、平岩昭三『検証　藤村操――華厳の滝投身自殺事件』（不二出版、二〇〇三年）において詳細に検討されている。ただし平岩は、藤村の自殺がなぜ問題化されたのかは問うていない。またこの「波紋」の中には、藤村生存説などいかがわしいものが特に日露戦争後にあふれるなど、ゴシップ的要素に満ちている。このようなものがあふれた理由については、木村晴代「煩悶自殺する青年の登場――藤村操『巌頭之感』に関する報道と小説について」北海道大学国語国文学会『国語国文研究』第一四三号、二〇一三年七月、四九―六五頁を参照されたい。

(30) 大町桂月「今の思想界」『太陽』第九巻第九号、明治三六年八月一日、一六七―一六八頁。
(31) 前掲「今の思想界」一六七頁。
(32) 大塚素江「自殺と青年」『太陽』第九巻第八号、明治三六年七月一日、二〇七頁。
(33) 長谷川天渓「人生問題の研究と自殺」『太陽』第九巻第九号、明治三六年八月一日、一七四―一七六頁。
(34) 「青年は健在なりや」『教育時論』第六八六号、明治三七年五月五日、四六―四七頁。日露開戦後の高揚感の中で書かれた短文。執筆者は不明。
(35) このような「個性」の理解は、「教育」が「学」として独自の領域を持とうとしていた当時においては、むしろ正統なものだった。長谷川の新しさは、その「個性」を雑誌『太陽』という一般誌で、社会現象の説明に用いたことにある。明治後期における「個性」概念については、鵜殿篤「『教育的』及び『個性』――教育学用語としての成立」東京大学大学院教育学研究科教育学研究室『研究室紀要』第二七号、二〇〇一年六月、一五―二四頁、片桐芳雄「近代日本の教育学と『個性』概念」日本女子大学教育学科『人間研究』第四二号、二〇〇六年三月、三―一二頁、を参照。
(36) 蘇峰生「地方の青年に答ふる書」『国民新聞』明治三九年二月一八日。「神人交通者」とはおそらく、神の世界と世俗界とを行ったり来たりするような思考や発言をする者という意味だと思われる。
(37) 蘇峰生「再び　地方の青年に答ふる書」『国民新聞』明治三九年二月二五日。
(38) 蘇峰生「四たび　地方の青年に答ふる書」『国民新聞』明治三九年三月一一日。
(39) 前掲「再び　地方の青年に答ふる書」。
(40) 蘇峰生「三たび　地方の青年に答ふる書」『国民新聞』明治三九年三月四日。
(41) 姉崎正治「現時青年の苦悶について」『太陽』第九巻第九号、明治三六年八月一日、八七頁。

(42) 前掲「現時青年の苦悶について」八〇—八八頁、山田三良「成功の領土」『中学世界』第六巻第一〇号、明治三六年八月一〇日、九—一三頁。
(43) 当時のエリート青年の思潮については、高橋新太郎「『巌頭之感』の波紋」『文学』第五四巻第七号、一九八六年八月、一一—一九頁、菅井凰展「明治後期における第一高等学校学生の思潮——『校友会雑誌』を中心に」坂野潤治他編『日本近現代史二　資本主義と「自由主義」』岩波書店、一九九三年、一四七—一八三頁を参照。
(44) 大町桂月「現代の煩悶と文学」『太陽』第一一巻第二号、明治三八年二月一日、一四二頁。
(45) 島崎藤村「序」『藤村詩集』春陽堂、明治三七年。
(46) 鶯塘生「自殺者の遺書」『中学世界』第七巻第三号、明治三七年三月一〇日、一一〇—一一一頁。
(47) 前掲「自殺と青年」二〇九頁。
(48) 代表的な例としては、主人公が高等学校を半途退学し、無職で、あれこれ理屈は考えるが金銭や色情に脆く、かたや人生の意義に思い悩むという典型的な「煩悶青年」が登場する点で、福田琴月「煩悶院」『太陽』(第一二巻第一一号、明治三九年九月一日、一〇一—一〇九頁)が挙げられよう。
(49) 三宅雪嶺「慷慨衰へて煩悶興る」『日本人』第四三九号、明治三九年七月、三五〇—三五二頁。
(50) 前掲「四たび　地方の青年に答ふる書」『国民新聞』明治三九年三月一一日。
(51) 蘇峰生「五たび　地方の青年に答ふる書」『国民新聞』明治三九年三月一八日。
(52) 前掲「地方の青年に答ふる書」。
(53) 前掲「五たび　地方の青年に答ふる書」。
(54) 前掲「青年病」一一—一六頁。

(55) 前掲「青年病」一―六頁。
(56) 同時期から「煩悶青年」と宗教をめぐる議論が熱を帯びてきており、そこでもやはり、国家にとって役立つか否かという基準からあるべき〈青年〉が論じられていたようである(木村洋『文学熱の時代――慷慨から煩悶へ』名古屋大学出版会、二〇一五年、二〇八―二一三頁)。
(57) 「女の藤村操」『読売新聞』明治三九年一月二九日など。
(58) 『新公論』誌上での特集「如何にして衰世の悪傾向を防止すべき可　厭世と煩悶の救治策」(『新公論』第二一巻第七―八号、明治三九年七―八月)の各論文がその典型である。
(59) 元良勇次郎「男女青年の煩悶と其解決」『女学世界』第六巻第五号、明治三九年四月五日、二―五頁、井上円了「男女青年の自殺に就いて」『女学世界』第六巻第九号、明治三九年七月五日、一〇―一一頁。
(60) 前掲「男女青年の煩悶と其解決」、根本正「興国の青年男女に告ぐ」『新公論』第二一巻第七号、明治三九年七月、六―九頁、など。
(61) 例えば明治女学校学監福迫亀太郎は、「女学生の堕落問題と関連して一考を要するのは、恋愛問題、煩悶問題である」と、「女学生」の「煩悶問題」を位置づけている(福迫亀太郎「女性の堕落てふ声を聞て」『女学世界』第六巻第一五号、明治三九年一一月五日、二―五頁)。
(62) 教育史編纂会編『明治以降教育制度発達史　第五巻』一九六四年重版、教育資料調査会、初版は一九三八年、七頁。
(63) 花井卓蔵「三薬の調合按排」『新公論』第二一巻第七号、明治三九年七月、一一頁。
(64) 山根正次「是れが救済法は個人問題に非ずして国家問題なり」『新公論』第二一巻第七号、明治三九年七月、一頁。

(65) 前掲「是れが救済法は個人問題に非ずして国家問題なり」一―二頁。
(66) 鳩山春子「学校の教員よりも家庭の両親に依て療治すべし」『新公論』第二一巻第七号、明治三九年七月、一〇―一一頁。
(67) 谷本富「家庭の家良《ママ》は其第一諦なり」『新公論』第二一巻第八号、明治三九年八月、七頁。谷本はここで「青年者」の「救済」を説いているのだが、家庭において「教養」すべき対象が「青年者」なのか「青年者」以前なのかは、不明である。
(68) 大村仁太郎談「青年品性修養策」『中学世界』第九巻第五号、明治三九年四月一〇日、一〇―一四頁。大村は独逸学協会中学校校長。
(69) 日比野寛『青年子女堕落の理由　附其矯救策』金港堂、明治四〇年。
(70) 斉藤太郎「明治後期における青年期理解をめぐって（I）――明治期における学生・生徒の問題行動の理解様式について・覚書三」筑波大学『筑波大学教育学系論集』第二巻、一九七八年三月、三三―三四頁。
(71) 「此社会にして此青年あり」『教育時論』第七六四号、明治三九年七月五日、一―二頁。
(72) 元良勇次郎・中島力造・速水滉・青木宗太郎訳『青年期の研究』同文館、明治四三年、原著者の書簡一―三頁、序三頁。
(73) 「現代の趨勢と青年の覚悟」『中学世界定期増刊号　学生座右録』第九巻第八号、明治三九年六月二〇日、二―九頁。
(74) 前掲「現代の趨勢と青年の覚悟」五―六頁。
(75) 前掲「現代の趨勢と青年の覚悟」七頁。

(76) 前掲「現代の趨勢と青年の覚悟」八頁。
(77) 前掲「現代の趨勢と青年の覚悟」八頁。
(78) 前掲「現代の趨勢と青年の覚悟」八―九頁。
(79) このような修養が、次の定期増刊号である『中学世界　青年修養百談』(第九巻第一二号、明治三九年九月二〇日)でさまざまな論者によって説かれ、修養書ブームに至る。
(80) かつて岡義武は、前掲「日露戦争後における新しい世代の成長　上」及び前掲「日露戦争後における新しい世代の成長　下」において、既成の価値観にとらわれない「個」を有した一群を「新しい世代」と呼び、日露戦争後におけるその「成長」を論じた。しかし、本章で議論してきたように、日露戦争前にすでに岡の言う「新しい世代」を最も象徴する「煩悶青年」が登場し、かつ「煩悶青年」を論じる枠組みも完成を見ており、日露戦争後には「煩悶青年」の汎化と本質論化が進んだ。日露戦争後における青年たちが「個」という価値観のもとに成長したというよりは、むしろ叢生したと考えたほうが妥当だろう。また、日露戦争前から「新しい世代」が登場していたことを、岡自身が上記論文の序にあたる「一」で繰り返し述べているにもかかわらず、後発の研究においては、あたかも日露戦争前後で青年の思想上に大きな断絶があったかのような論じ方がなされている。この点に関連しては、前掲『文学熱の時代――慷慨から煩悶へ』(一五六―二五一頁)において、明治三四(一九〇一)年頃からすでに自然主義運動の萌芽が明確に見られること、日露戦争後における自然主義運動の勃興が、明治三〇年頃以来の単純かつ押し付けがましい「国家の為め」という価値観への反発や、学生風紀問題をめぐる論議への抵抗を意味することなど、日露戦争前後の連続と断絶を考える上で非常に重要なテーマが論じられている。

終章　〈青年〉とは誰なのか

1　〈青年〉はどのように誕生し変容してきたのか

本書では、〈青年〉がいつ、どのように、どのような概念として誕生・成立したのか、そして明治二〇・三〇年代を通してどのように変容してきたのかを考察してきた。そこから見えてきたことを、最後に明らかにしておきたい。

まず、これまでの議論を簡潔にまとめると、以下のようになる。

第一章「〈青年〉の誕生――「新日本の青年」の歴史的意義」では、〈青年〉がいかなる存在として誕生したのかを、青年論の旗手である徳富蘇峰の論説を中心に検討し、明らかにした。

明治一〇年代末、熊本で民権私塾を開いていた蘇峰は、〈青年〉を真の「維新」の実行者として説いたが、まだその〈青年〉は、大人が教育し、導く対象だった。このような〈青年〉が大きく転換されたのが、明治二〇（一八八七）年だった。上京し、同年に雑誌『国民之友』を創刊した蘇峰は、同雑誌のプロパガンダを打ち立てる中で、志を立て新時代への改革を主導し、老人・大人を導く存在として「新日本の青年」を構築したのである。ただし、この「立志の青年」とも呼ぶべき〈青年〉は、〈青年〉の失敗作として創造された「壮士」を仮想敵としており、まだ自由民権運動末期の時代限定的な概念にすぎなかった。

第二章「期待すべき〈青年〉――〈青年〉と「学生」の相克」では、自由民権運動末期という時代に特有の概念として誕生した〈青年〉が、なぜ自由民権運動と蘇峰の改革論がともに下火になって以降も説かれ続けたのかを問い、明治二〇年代初頭に〈青年〉がどのような概念として成立したのかを明らかにした。

明治二一（一八八八）年、帝国大学を頂点とするピラミッド型の学校階梯に順応する「学生」（主に中等・高等教育機関に在学する男性）の登場を察知した蘇峰は、立志なき立身出世主義を体現する「学生」を仮想敵として、〈青年〉を説いた。仮想敵が、自由民権運動末期という時代背景のもとに創造された「壮士」から、近代学校制度の産物である「学生」へと移行したのである。その結果、〈青年〉は学校階梯が存在する限りにおいて説き続けることのできる概念へと転化された。一方で、創設されたばかりの第一高等中学校の教頭木下広次も、明治国家を支える「器用」となるよう期待を込めて〈青年〉を語った。この〈青年〉は、蘇峰が説いた「立志の青年」とは期待の眼差しが向けられていたという点で共通するが、その期待された将来像が現体制の改革者ではなく現体制を支える人物であるという点で、大きく異なっていた。ともかくここに、第一義的に期待すべき存在としての〈青年〉が成立したが、その〈青年〉たりうるべき理想的な自己形成が何であるのかは、まだ語られていなかった。

第三章「自発的に形成される〈青年〉――修養の成立」では、〈青年〉になるための、または〈青年〉らしくあるための自己形成が、いつ・どのようなものとして成立したのかを解明するために、近代日本において〈青年〉のあるべき自己形成として語られた修養に注目し、修養がいつ、どのように、どのような概念として成立したのかを明らかにした。

明治二〇年代半ば、「教育ニ関スル勅語」を奉読するという極めて形式的かつ画一的な徳育方法の代替として、修養が説かれ始めた。当初その論者は、松村介石などキリスト者であり、修養には当時の学校教育には取り入れられなかった実践、すなわち個人の内発的な道徳形成や、精神への配慮、世界史上における英雄の生き方から学び自己研鑽に資することなどが盛り込まれた。さらに日清戦争後には、修養が国民形成のための概念として、キリスト教系の論者以外によっても説かれるようになり、明治三二（一八九九）年刊行の松村介石『修養録』において、修養は青年をあるべき〈青年〉へと内発的に自己形成させる駆動装置として確立された。

第四章「〈青年〉らしく過ごす時期――「修養時代」の誕生」では、明治三〇年代前半に修養がどのように広まり、そこで〈青年〉がどのように展開されたのかを明らかにした。

男子中等教育制度が整備され、中学生が急増した明治二〇年代を経て、明治三〇年代前半には、修養が引き続き既存の学校教育を批判する文脈で説かれながらも、いわゆる学生風紀問題への対処策として様々な論者によって広く説かれるようになった。その中で、「修養時代」という言葉に象徴されるように、修養に適したライフサイクルの一段階が存在するという認識が生まれた。さらに、「修養ある人物」や「修養が足らない」といった定型句の誕生により、修養が誰にも否定し得ないマジックワードと化していった。一定の年齢層を指す「修養時代」という発想が学生風紀問題への対応から構築され、雑誌『中学世界』などで理想的「学生」像をモデルとして修養せよと説かれたのである。このことは、修養という〈青年〉の自己形成のあり方が、「学生」をモデルとして語られるようになったことを意味する。明治三〇年代前半の〈青年〉は、明治二〇年代初頭のような「立志の青年」としての姿を半ば失い、「学生」をモデルとして一定の年齢層として把握される「学生青年」とも言うべき存在へと移行しつつあった。

第五章「対処すべき〈青年〉――「青年期」の成立が意味すること」では、心理学という「科学」にお墨付きを与えられた根拠をもとに一定の年齢層として成立した「青年期」という概念に着目し、それが、いつ、どのように成立したのか、そして「青年期」が語られる文脈での〈青年〉とはいかなる存在だったのかを明らかにした。

明治三〇年代前半には、学生風紀問題や「学校病」が問題として立ち上がってきたことで、心理学者によって青年の心が科学的な観察対象とされ、「青年期」概念が西洋からもたらされた。「青年期」は、辞書的にはすべての青年が通過する心理的・生理的発達段階を意味しつつも、現実問題として論じられる際には中学生・高等学校生・師範学校生などの「学生」が念頭に置かれていた。「学生」をモデルとしながら、脱政治化・脱社会化された心理的・生理的な存在として青年を把握する新たな眼差しが、「科学」のお墨付きを得た上で登場したのである。つまり、「青年期」を生きる存在として語られた〈青年〉は、第一義的に期待の眼差しを向けられた「立志の青年」としての姿を失う一方で、学校に順応するよう対処の眼差しを向けられた「学生青年」としての姿を付与されたのである。

第六章「煩悶する〈青年〉――教育が青年を包囲する」では、明治三〇年代後半に社会問題化した「煩悶青年」をめぐる言説において、〈青年〉がどのように変容したのかを明らかにした。

「煩悶青年」を問題化する論理においては、将来有用な国民となるはずの〈青年〉の失敗作が「煩悶青年」であり、そのような青年には何らかの対処が必要だとする点で、各論者で共通していた。また、このようなことが雑誌上で議論されていく中で、高等学校生という特権的エリートに独特の現象だった煩悶の意味が、中学生の悩みにまで拡大され、それと同時に煩悶は〈青年〉に本質的なこととされていった。明治三九（一九〇六）年にいわゆる牧野訓令が出され、そこでは汎化・本質論化した「煩悶青年」への対応が、家庭及び学校での教育という具体性をおびた。このことは、対処すべき存在とされた「学生青年」への対処は教育であると明確に位置づけられたことを意味する。その後、牧野訓令に触発された青年論が叢生し、対処としての教育のあり方が論じられる中で、期待すべき存在ではなく対処すべき存在としての〈青年〉が、確固たる地位を築いたのである。

2 〈青年〉は鵺である

以上のようにまとめると、明治二〇・三〇年代には、二タイプの〈青年〉が説かれてきたことがわかる。すなわち、明治二〇年代初頭に蘇峰が旗手となって打ち立てた「立志の青年」と、その直後に姿を現し始め、明治三〇年代の学校をとりまく社会状況と言説の中で「立志の青年」を後退させ主役に躍り出た、「学生青年」である。

「立志の青年」は、真の維新がまだ達成されていないという歴史観を背景に持っており、第一義的に国家や社会体制の変革者となる期待の眼差しを受けた存在、進学と立身出世を志向し既存の国家体制・教育体系に順応した「学生」とは相容れない存在だった。「学生青年」は、文字通り「学生」をモデルに構築されており、期待の眼差しを受けるもののそれは既存の国家体制・教育体系の枠内で達成される程度の期待であり、第一義的には、敷かれたレールを外れないよう対処の眼差しが向けられた存在であった。この「立志の青年」から「学生青年」へのゆるやかなシフトを、青年観の歴史的変遷として把握するならば、明治二〇年代から三〇年代にかけての青年観は、期待すべき存在から対処すべき存在への移り変わりとまとめることができる。

〈青年〉は、誕生当初から、「青年らしさ」「青年たるもの」といった言い回しで語られ続け、そこには往々にして論者自らの教育論を正当化または合理化しようとする意図が働いていた。その意図は、本書で議論を進めてきた中では特に、〈青年〉の生みの親とも言える蘇峰の青年論と、いわゆる学生風紀問題が世間を賑わせていた明治三〇年代前半における修養論と「青年期」論、そして日露戦争期の「煩悶青年」をめぐる識者の見解に、如実に現れていた。期待と対処の眼差しを同時に内在させる〈青年〉は、一〇代後半から二〇代前半にかけての者たちをひとくくりにし、都合よく眼差しを使い分け、必要と需要に応じて何とでも論じることができるという点において、ジャーナリストや教育関係者などにとって極めて魅力的な概念だったのである。〈青年〉とは、男性エリート予備軍が中等・高等教育機関を経て大人になることが次第に「あたりまえ」になっていき、彼らを論じる者が登場することでその意味を変容させながら成長してきた、鵺《ぬえ》のような存在であると言えよう。

このように、〈青年〉の成立と変容がピラミッド型学校階梯の確立と、それにともなう学生風紀問題などの社会問題の立ち上がりや、「青年期」の成立など、学校階梯の確立から派生した事象によって推し進められたということは重要である。というのも、〈青年〉は一見して単なる一定の年齢層を意味し、学校教育から自由であるかのようなイメージが持たれるが、その誕生・成立と変容を追うことで、実は男子中等・高等教育機関が整備されていく中で期待と対処の眼差しを受けながら構築されてきた、近代学校制度の産物であるということが明らかになったからである。

歴史を論じるにあたって、我々のイメージにおいては、修養に必死に励んでいる者は若者ではなく〈青年〉であり、思い悩みながらも成長して大人になろうとしているのは若者ではなく「青年期」を生きる〈青年〉であり、大人になるための通過儀礼として煩悶するのは若者ではなく、宗教界や堕落の淵で彷徨う精神的に不安定な〈青年〉である。〈青年〉とは、近代学校制度の誕生と

「学生」の増加を背景として、それらにまつわる言説が生み出した、一〇代後半から二〇代前半にかけての男性を期待と対処の眼差しを通して教育対象として把握する概念である。しかもその教育は、〈青年〉が鵺のように都合よくその姿を変える所属を表さない概念であるがゆえに、学校内だけに限られない。むしろ、〈青年〉は学校への所属を条件とする「学生」以上に、〈青年〉として語られる者を教育によって包囲する概念なのである。

3　改めて〈青年〉を考える

以上のことから、「青年とは普遍的で自明な存在である」、または「青年は科学的根拠を持った特有の心理を有する存在である」といった考えは、明確に否定できる。我々が意識的にしろ無意識的にしろ、期待と対処の眼差しを持ち教育対象としなければ、若者は〈青年〉にはなり得ないからである。我々がこのような眼差しを使い分けて見ているからこそ、彼らは〈青年〉と呼ばれ、「青年らしさ」が要求され、彼らの心に「本質的な問題」が発見されるのである。端的に言えば、明治二〇・三〇年代における〈青年〉の広まりは、教師や親が被教育者を把握する眼差しを、教師でも親でもなく教育する立場にない者までもが獲得していったことを意味する。

ということは、序章での議論に立ち返って考えると、一九六〇年代後半から一九八〇年代にかけて緩やかに「青年」が死語化したということは、大人がこのような期待と対処の眼差しで彼らを見なくなってきたということを意味する。〈青年〉は、大人が相手を教育対象として把握する概念であるがゆえに、対象を自分との関係性を有する「隣人」として捉える前提での概念である。それに対して、近年台頭してきた若者という新しい概念（序章参照）は、相手を文字通り単なる歳の若い者として把握し得る概念であり、対象を「隣人」ではなく「異質な他者」として捉えるのに好都合である。「青年」が死語化し、一九九〇年代後半からやたらと若者が論じられるようになったことは、論者の発達論的な視点の喪失にとどまらず、論者が彼らを期待と対処の眼差しで見ることをやめ、しかも新たな眼差しを獲得することができておらず、結果として、彼らを「異質な他者」として把握し突き放して論じるようになったことの表れではなかろうか。

ただし、「青年」が言葉としては死語化しても、我々は〈青年〉に内在する眼差しから完全には自由にはなれないまま、しかも都合よく眼差しを使い分けながら、若者を語っているのだろう。期待と対処の眼差しを都合よく使い分けることは、本書で論じた明治二〇・三〇年代からかれこれ一〇〇年以上の歴史と伝統を有しており、そうたやすく失われるものではない。一九九〇年代後半以降に若者論があふれるようになった理由は、一九九〇年代以降に若者が「失われた一〇年」「失われた二〇年」を経験したという、予想され得るありきたりな（しかも因果関係が明らかではない）説明でこと足りるのではない。大人が「将来の国家社会を担う若者」の今を憂い、その一方で大人自身の身を削ることがほとんどないという、明治以来のあいかわらずな言説の氾濫は、「ポスト近代」や「後期近代」といわれる新しい社会構造へと移行しつつある中で、我々がいまだに青年論の枠組みを残影として引きずりながら若者を論じようとしていること、さらにそこに生じている矛盾――「隣人」を論じる枠組みを残したまま「異質な他者」を論じる矛盾――に気づいていないがゆえの焦りの、表われではなかろうか。

本書で得られた成果は、青年の意識や思想を分析するにあたって史料に表出している概念をどう読むのか、という問題解決へも寄与する。例として、序章でふれた『古家実三日記』を再考しよう。古家の神戸中学時代の特徴として、紀行に出るなど頻繁に自然に親しんでいることに加え、苦学と脳症に苦しめられて煩悶し、とにかく読書量の多いことが挙げられる。中でも、古家が自らの「独立自尊の主義」を貫くために他者からの資金援助を断り、人力車夫として苦学を続ける最も苦しい時に、松村介石の『立志之礎』と『修養録』を繰り返し読んでいることは[1]、重要である。第三章で論じたように、前者は「立志の青年」たるべく読者を鼓舞した明治二二（一八八九）年刊行の著作であり、後者は、その〈青年〉へと内発的に自己形成させる駆動装置として修養を説いた、明治三二（一八九九）年刊行の著作である。両著は版を重ね続けているので、明治四〇（一九〇七）年に古家が購入、愛読していることに不思議はない。重要なのは、古家は当時流行っていた『中学世界』や大町桂月の著作などを読むものの、日記にはその感想すら記しておらず、古家の思想として内面化されたのはあくまで松村の両著であったということである。

つまり、本書で得た知見からは、古家を立身出世の「加熱」に踊らされた半途退学生という理解に留めるのではなく、遅れてきた「立志の青年」として読むことが可能になる。だからこそ、古家は自身が煩悶に苦しみながらも、青年が煩悶することを「滑稽の沙汰」[2]だと考え得たのだろう。このような読み方は、「青年とは近代の産物である」という、一見すべてを説明しているようでその内実は何の説明にもなっていない主張に留まるのではなく、〈青年〉がその産物として誕生・成立し、変容していく様を明治二〇・三〇年代という歴史的状況の変化の中で解析した結果、初めて可能となるのである。

最後に、本書で得た知見から青年の精神史・思想史を考える上でどのような成果があったのかを示しておきたい。煩雑を避けるためにあえて序章では書かなかったが、本書のメインテーマである「〈青年〉はいつ・どのように誕生・成立し、変容してきたのか」を考える意義として、常に筆者の意識の底流にあった先行研究がある。橋川文三の『昭和維新試論』[3]である。

『昭和維新試論』の特徴は、二つある。まず、同書は一九七〇年代初頭に雑誌に連載された原稿が書籍化されたものだが、筆者である橋川は、連載終了後一〇年かけても書籍としてまとめきることができないまま、急死したということ。つまり、未完の遺稿集である。もう一つの特徴は、青年の精神史・思想史を考える上では一般的には日露戦争期が大きな歴史的転換点として描かれがちだが、橋川はその転換点を日清戦争後に見出しているところにある。

橋川は、日清・日露戦間期の「青年の思想・心情には、一種不思議な二重志向」が認められると言う。それはすなわち、「世俗への志向と、自己＝自我への志向との分裂ともいうべきものであった」[4]（傍点原文）。この分裂は、もちろん青年がどの階層に属するかによって様態が異なるだろう。しかし、少なくとも当時の大人たちは青年にこの二つの志向を見出し、かつそれらが共存することに違和感を覚えないまま〈青年〉を論じていたであろうことは、本書の内容からも明らかである。前者の志向は学生風紀問題の立ち上がり、後者の志向は煩悶青年の問題化に、如実に反映されている。

この志向の分裂、すなわち「青年の分裂的傾向――一方には世俗的関心へ、他方には人生論的煩悶へと志向する混乱」の由来を、橋川は明治三〇年代における「混乱した近代化（＝資本主義化）の現象と結びつけて」済ませるのではなく、「日本人の心に生じたもっと漠然とした、したがってどこからとらえてよいのかはっきりしないような変化(5)」に見出し、その解明を目指す。しかし、結局その解明は果たされることはなかった。

本書の議論から考えるのは、この橋川が言うところの「どこからとらえてよいのかはっきりしないような変化」は、序章で述べた「内なる近代化」を近代学校がいかように推進し、いかように制御したのか、そしてその推進と制御が学校以外の場における教育（的言説）によってどのように展開されたのかを、さらなる厚みを持って論じていくことで明らかにされ得るのではないか、ということである。このような近代学校の「威力」は、統治者や政策決定者の意図するところでのみ動いているのではなく、様々な歴史的要因によって結果としてそうなるものだろう。そのダイナミズムを明らかにするためには、本書の議論を多角的な手法によってさらに深めていかなければならない。

4 今後の課題

制度史や実態史が直接証拠の積み重ねで成り立つのとは異なり、思想史や概念史は、主に状況証拠の積み重ねで成り立つ。状況証拠ばかりで実証性が不十分な議論をしてきてしまったという反省はあるが、〈青年〉の概念史という未開の領域を進むためには、とにかくまず第一歩を踏み出すしかない。本書では、その第一歩を踏み出すことができた自負はあるが、明治二〇・三〇年代の〈青年〉について、すべてを論じきることができたわけではない。最後に、この研究を発展させるための課題を挙げておきたい。

まず、男性をジェンダーとして捉える視点から、〈青年〉を見なおすことが必要である。〈青年〉とはあくまで男性を対象とした概念であり、女性が〈青年〉に含まれる場合は「女子青年」や「青年子女」など、男女非対称的な特別な言い回しがなされた。つまり、〈青年〉には暗黙のうちに男性性が組み込まれていた。ゆえに、〈青年〉らしさが「男らしさ」と結び付けられることは、第四章で扱った大町桂月のような安直な議論に留まらず、当時移入されつつあった性差心理学という名の「科学」など、様々な領域で行われてきたことは想像に難くない。では、そこに表出する男女の非対称性はいかなるものであり、〈青年〉に内在する「男らしさ」と「女らしさ」の境界線はどこにあり、その線はいつ誰が引いたのだろうか。また、なぜ「女子青年」や「青年子女」という用語を用いてまで、男性と区別をつけた上で女性を〈青年〉という枠組みに組み込もうとしたのだろうか（またはその必要があったのだろうか）。これらの問題については、すでに加藤千香子による興味深い研究があるが[6]、あらためて論じるためには、本書のように〈青年〉をあたかもジェンダーニュートラルな概念であるかのように論じるのではなく、ジェンダーとして男性を捉える視点からの考察が必要となる。

次に、中等教育機関に進学しない階層における〈青年〉の用法である。

官製青年団が結成されていくのは、地方改良運動が展開される明治四〇年代に入ってからだが、その源流に位置づけられる青年会はすでに同二〇年代からあった。(7)そこでの〈青年〉は、住友陽文が明治二〇年代の青年会の目的を「近代化に対応する知識・教養を修得することにあったと考えられる(8)」と総括しているように、本稿で論じてきた〈青年〉と無関係ではなかっただろう。明治二〇年代にはすでに、地方青年会に関連する文章において〈青年〉が学術を習得する者というニュアンスで用いられていること、(9)さらに明治三〇年代になると先進的な青年会ではすでに修養があるべき自己形成として奨励、実践されていることなどは、(10)〈青年〉の成立と変容を考えるにあたって非常に興味深い。これらのことを、本書で明らかにしてきたことと関連させて、どのように論じていけばよいのか。〈青年〉の成立と変容には、都市エリート〈青年〉とノンエリート〈青年〉の二つが並行していたのか、それとも前者が後者に影響を及ぼしていたのか、またはそのどちらでもないのか。明治二〇・三〇年代を通して、あらためて検討しなければならない。この検討にあたっては、雑誌『成功』の読者層にその典型を見出せるような、立身出世を希求するが中学校卒業はかなわない者たちに向けて説かれた〈青年〉、並びに明治三〇年代後半に台頭する社会主義者が説く〈青年〉

をも、視野に収めておかねばならないだろう。

最後に指摘しておきたいのは、和製漢語として海を渡った〈青年〉についてである。一九〇九（明治四二）年、帝国日本の支配が強まる韓国では、後に三・一独立運動で独立宣言を起草することになる崔南善が、「青年学友会」の設立委員となり会の主旨を著した。[11] 崔を突き動かしたものの一つは、日本留学中に目の当たりにした出版界の隆盛だった。崔は、この「青年学友会」を組織するにあたって、〈青年〉をどのような存在として立ち上げようとしていたのだろうか。

中国では、陳独秀が一九一五（大正四年）年に創刊した『青年雑誌』（翌年『新青年』と改称）において、新たな〈青年〉を創出した。亡命先の日本から帰国したばかりの陳が創刊号に書いた「敬告青年」は、明快な二項対立の図式で〈青年〉を創出し、〈青年〉を知的世界の革命の主導者と位置づけている点で、[12] 徳富蘇峰が明治二〇（一八八七）年に立ち上げた「新日本の青年」に通じる。その後、一九一〇年代後半の新文化運動期に『新青年』は知識人層に近代思想を広める重要なメディアとなった。[13] そこで説かれた〈青年〉は、それまでの〈青年〉とどのような点において異質であり、日本の〈青年〉、特に蘇峰が説いた〈青年〉からどのような影響を受けていたのだろうか。さらに言えば、『新青年』の読者である揮代英が、五・四運動後の一九二〇年代初頭から「合作の修養」、「活動の修養」、「合群の修養」を説き、後に『中国青年』という名の雑誌で主筆を務めていること[14]

も興味深い。

一方、一八九五（明治二八）年の日清講和条約（下関条約）以降、帝国日本の植民統治下にあった台湾では、一九一〇年代から青年会が結成され始め[15]、一九二〇年には抗日運動の担い手としての〈青年〉が雑誌『台湾青年』で説かれるようになる[16]。この、植民統治下の台湾で立ち上げられた〈青年〉に関しては、植民統治初期からの学校教育や社会教化政策による青年の包囲と、その包囲及び植民統治に対する青年による抵抗を論じた、陳文松の研究[17]がある。では、そこで展開された〈青年〉は、本書で論じてきた〈青年〉とはどのような思想的関係にあったのだろうか。

以上のように、〈青年〉が韓国（朝鮮）・中国・台湾それぞれにおいてどのような時代背景をもとに、どのような概念として受け入れられ、立ち上げられていったのかを明らかにすることは、概念の近代化が東アジア各地でどのようなダイナミズムで進展したのかを考える上でも、非常に重要な作業であろう。

注

（1）　和崎光太郎「明治末期の青年の意識――『古家実三日記』にみる（上）」古家実三日記研究会『古家

実三日記研究』創刊号、二〇一一年一一月、六七―七七頁。古家は神戸中学入学試験の前日に、『立志之礎』と『修養録』を同時購入している。

(2) 藤原昭三・須崎愼一・和崎光太郎・山本かえ子「古家実三日記〔三〕――一九〇八年七月一一日～一九〇九年七月三一日」古家実三日記研究会『古家実三日記研究』第三号、二〇〇三年五月、六頁、八月二日の記述。

(3) 橋川文三『昭和維新試論』二〇〇七年、筑摩書房。なお、同書は一九八四年に朝日新聞社から刊行されたものの文庫版。刊行までの経緯については、同書巻末の中島岳志による解説を参照。

(4) 以上、前掲『昭和維新試論』六六頁。

(5) 以上、前掲『昭和維新試論』七三―七四頁。

(6) 加藤千香子「『青年』の主体的構築」『近代日本の国民統合とジェンダー』日本経済評論社、二〇一四年、九〇―一一四頁。また、この問題と第五章に関連する先駆的な研究として、伊藤裕子「『青年心理学』にみる女子青年の位置」日本女性学研究会女性学年報編集委員会『女性学年報』第七号、一九八六年一一月、八三―九三頁、を参照されたい。

(7) 地方における青年組織の、地方改良運動前後の連続性については、住友陽文「形成期青年会の論理と展開」日本史研究会『日本史研究』第三四〇号、一九九〇年一二月、二八―五四頁、鬼塚博「青年集団に見る地域社会の統制と民衆によるその受容の過程」歴史学研究会『歴史学研究』第六六九号、一九九五年三月、一八―三六頁、を参照。またこれらの青年会が、「若者組」として知られる諸団体を否定して誕生したのではなく、「若者組」との二重構造を形成していたことも（安藤耕己「近代日本における青年集団の二重構造に関する一考察――埼玉県旧名栗村における事例を中心に」日本社会教育学会『日本社会教育学会紀要』第四三号、二〇〇七年六月、一—一〇頁）、念頭に置かねばならない。

（8）前掲「形成期青年会の論理と展開」三五頁。

（9）宮前耕史「明治中後期地方青年の思想と行動」筑波大学『日本文化研究——筑波大学大学院博士課程日本文化研究学際カリキュラム紀要』第七号、一九九六年三月、四一—五三頁、宮前耕史「明治中後期風俗改良に関する一考察——志摩郡越賀村における若者組織と『遊屋』改良」筑波大学大学院人文社会科学研究科歴史・人類学専攻『歴史人類』第三五号、二〇〇七年三月、三一—一八頁。

（10）瀬川大「明治三〇年代前半における農村青年会の歴史的位置」信濃史学会『信濃』第六二巻第一一号、二〇一〇年一一月、二九—四六頁。

（11）上垣外憲一『日本留学と革命運動』東京大学出版会、一九八二年、一七四—一七九頁。

（12）野村浩一『近代中国の思想世界——『新青年』の群像』岩波書店、一九九〇年、四—九頁。

（13）この点については、前掲『近代中国の思想世界——『新青年』の群像』一〇—三六八頁で詳細に検討され、明らかにされている。

（14）砂山幸雄「『五四』の青年像——惲代英とアナーキズム」アジア政経学会『アジア研究』第三五巻第二号、一九八九年二月、一—四七頁。

（15）宮崎聖子『植民地期台湾における青年団と地域の変容』御茶の水書房、二〇〇八年、七一—一二七頁。

（16）宮崎聖子「台湾における抗日運動の主体形成と〈青年〉概念——一九二〇—二四年を中心に」台湾史研究会『現代台湾研究』第二一号、二〇〇一年三月、一〇四—一二三頁。『台湾青年』は台湾人（漢族）留学生及び卒業生を中心に、東京で発行された。

(17) 陳文松「植民地支配と「青年」――台湾総督府の「青年」教化政策と地域社会の変容」（東京大学大学院総合文化研究科地域文化研究専攻、博士論文、二〇〇八年六月学位授与）。

文献一覧

本文で引用・言及した文献を、（一）雑誌史料、（二）新聞史料、（三）単行本等史料、（四）研究書・研究論文に分類して掲げた。（一）（二）は本書で引用・言及した最も古い記事の年代順、（三）（四）は著者の原則五十音順で配列した。

（一）雑誌史料

『穎才新誌』

第二二三号、明治一四年九月三日、「中立青年党募集ノ旨意書」

第二三三号、明治一四年一一月一二日、「青年自由党設立ノ旨意」

第五〇五号、明治二〇年三月五日、佐藤大任「告在京書生（承前）」

第五三五号、明治二〇年一〇月一日、奥山天爵「文明士人ノ資格」

『国民之友』

第一号、明治二〇年二月一五日、「嗟呼国民之友生れたり」

第六号、明治二〇年七月一五日、「新日本の青年及ひ新日本の政治（第一）青年書生は政治運動の要素なり」

第七号、明治二〇年八月一五日、「新日本の青年及ひ新日本の政治（第二）明治の歴史こそ其の実例なれ」

第八号、明治二〇年九月一五日、「新日本の青年及ひ新日本の政治（第三）未来政治家の覚悟」

第九号、明治二〇年一〇月七日、「新日本の青年及ひ新日本の政治（第四）心に記して忘る可らざるもの」

第二九号、明治二一年九月七日、「青年学生」

第三八号、明治二二年一月一二日、「先つ高等中学を廃すべし」

第七五号、明治二三年三月三日、「学風論」

第七七号、明治二三年三月二三日、「僥倖心及ひ冒険心」

第八四号、明治二三年六月三日、「小学の道徳」

第九六号、明治二三年一〇月三日、「小学校及び小学教育」

第一三三号、明治二四年一〇月一三日、「労作教育」

第一六七号、明治二五年九月二三日、「学生の気風」

第二五五号、明治二八年七月三日、「質素の生活、高尚の理想」

第二七四号、明治二八年一二月一四日、「少年の気魂」

第二八〇号、明治二九年一月二五日、「懐郷心を打破せよ」

第二八五号、明治二九年二月二九日、「地方青年の事業」

『少年園』
第一巻第一号、明治二一年一一月三日、「発刊の主旨を述べ先づ少年の師父に告ぐ。」
第五巻第五三号、明治二四年一月三日、鈴木力「男児唯宜しく己を恃む可し」

『教育時論』
第一六九号、明治二二年一二月二五日、「学生の挙動」
第三九一号、明治二九年二月二五日、「再び形式的教育の弊を論ず」
第三九六号、明治二九年四月一五日、山口鉞三郎「日本人不健康の原因を論ず」
第三九七号、明治二九年四月二五日、山口鉞三郎「日本人不健康の原因を論ず（承前）」
第三九八号、明治二九年五月五日、山口鉞三郎「日本人不健康の原因を論ず（承前）」
第四〇六号、明治二九年七月二五日、高島平三郎「続心理漫筆」
第四三〇号、明治三〇年三月二五日、「学生気風の一変」
第四四四号、明治三〇年八月一五日、「社会の俗化」
第四五〇号、明治三〇年一〇月一五日、中島半次郎「中学校の倫理科」
第四六八号、明治三一年四月一五日、「吁教育界の風紀問題を如何」
第五三三号、明治三三年二月五日、桑木厳翼「学制改革論と中等教育」
第五五六号、明治三三年九月二五日、中島半次郎「教育者たる修養」
第五六六号、明治三四年一月五日、三宅雄二郎「教育五言」

第六〇〇号、明治三四年一二月一五日、「第六百号の弁」
第六〇〇号、明治三四年一二月一五日、「山田邦彦氏の高等学校入学試験談」
第六〇二号、明治三五年一月五日、中島力造「教育上分業の得失」
第六八六号、明治三七年五月五日、「青年は健在なりや」
第七四七号、明治三九年一月一五日、山本良吉「校外取締と寄宿舎（上）」
第七四九号、明治三九年二月五日、山本良吉「校外取締と寄宿舎（下）」
第七五四号、明治三九年三月二五日、堀尾石峯「学校騒動論（上）」
第七五六号、明治三九年四月一五日、堀尾石峰「学校騒動論（中）」
第七五八号、明治三九年五月五日、堀尾石峰「学校騒動論（下の一）」
第七五九号、明治三九年五月一五日、堀尾石峰「学校騒動論（下ノ二）」
第七六四号、明治三九年七月五日、「此社会にして此青年あり」

『青年文学』
第一号、明治二四年一一月、湖処子「青年と大家」
第二号、明治二四年一二月、縦横生「青年は果して厭世家なるへきや」
第三号、明治二五年一月、湖処子「青年と厭世」
第四号、明治二五年二月、縦横生「青年と厭世を読む」

『女学雑誌』
第三二八号甲の巻、明治二五年九月二四日、「主動者之至誠」

『六合雑誌』
第一四八号、明治二六年四月、横井時雄「現今の徳育法を評論し併せて当路者に一策を建す」
第二二九号、明治三三年一月、「青年失敗の一大理由」

『三籟』
第九号、明治二六年一一月、市谷隠士「修養論」

『哲学雑誌』
第八巻第八二号、明治二六年一二月、「人生の危機」

『太陽』
第一巻第五号、明治二八年五月五日、松村介石「明治の心霊界」
第二巻第六号、明治二九年三月二〇日、久津見息忠「ヘルバルトの教育学に関する所見」
第二巻第八号、明治二九年四月二〇日、久津見息忠「ヘルバルトの教育学に関する所見（承前）」
第二巻第八号、明治二九年四月二〇日、「所謂戦後の教育」

第二巻第一五号、明治二九年七月二〇日、久津見息忠「真誠なる国家教育」
第三巻第二三号、明治三〇年一一月二〇日、「余裕と宗教」
第四巻第四号、明治三一年二月二〇日、「学風校紀の壊乱と文部省の責任」
第七巻第七号、明治三四年六月五日、樗牛生「姉崎嘲風に与ふる書」
第七巻第九号、明治三四年八月五日、樗牛生「美的生活を論ず」
第八巻第二号、明治三五年二月五日、龍山学人「暫く姑息の策を語らしめよ」
第八巻第三号、明治三五年三月五日、大町桂月「我国道徳の過去及び将来」
第九巻第八号、明治三六年七月一日、大塚素江「自殺と青年」
第九巻第九号、明治三六年八月一日、大町桂月「今の思想界」
第九巻第九号、明治三六年八月一日、長谷川天渓「人生問題の研究と自殺」
第九巻第九号、明治三六年八月一日、姉崎正治「現時青年の苦悶について」
第一一巻第二号、明治三八年二月一日、大町桂月「現代の煩悶と文学」
第一二巻第一一号、明治三九年九月一日、福田琴月「煩悶院」

『少年世界』
第一巻第一六号、明治二八年八月一五日、思椀房主人「幸福なる少年」
第二巻第二三号、明治二九年一二月一日、越仙道人「少年の責任」
第四巻第四号、明治三一年二月一日、近衛篤麿「学生の濫交を禁ずべし」

第五巻第五号、明治三二年二月一五日、元良勇次郎「児童研究のこと」
第六巻第四号、明治三三年三月一五日、茅原蘭雪「米国鉄道王」
第七巻第一五号、明治三四年一一月一日、岡田三橋「俊豪少年」

『国家教育』
第四二号、明治二八年九月、棚橋源太郎「高等小学理科教授論」
第四六号、明治二九年一月、棚橋源太郎「高等小学理科教授論（承前）」

『青年文』
第三巻第二号、明治二九年三月、「徳富蘇峰」
第四巻第六号、明治三〇年一月、田岡嶺雲「青年の意気」
第四巻第六号、明治三〇年一月、田岡嶺雲「青年に及ぼせる功利的文明の弊」

『中学世界』
第一巻第一号、明治三一年九月一〇日、高山林次郎「発刊の辞」
第一巻第二号、明治三一年九月二五日、勝浦鞆雄「中学世界に望む」
第二巻第一七号、明治三二年一二月一〇日、高山林次郎「少年社会の悪流行病」
第二巻第一八号、明治三二年一二月二五日、田山花袋「明治三十二年を送る」

第三巻第五号、明治三三年四月五日、杉浦重剛「青年の通患」
第三巻第七号、明治三三年六月五日、沢柳政太郎「修養の機会」
第三巻第一三号、明治三三年一〇月五日、大町桂月「学生諸子を迎ふ」
第三巻第一三号、明治三三年一〇月五日、大町桂月「器械的人物」
第四巻第一号、明治三四年一月一〇日、大町桂月「人生」
第四巻第七号、明治三四年六月一〇日、国府犀東「修養時代の覚悟」
第五巻第二号、明治三五年二月一〇日、大町桂月「人格の修養」
第五巻第二号、明治三五年二月一〇日、「雑題五則」
第五巻第四号、明治三五年三月一〇日、上村左川「煩悶と安心」
第五巻第六号、明治三五年五月一〇日、上村左川「名と利と」
第五巻第八号、明治三五年六月一〇日、大町桂月「天真爛漫」
第五巻第一三号、明治三五年一〇月一〇日、大町桂月「貧と富」
第五巻第一六号、明治三五年一二月一〇日、桂月漁郎「本能の快楽」
第六巻第一号、明治三六年一月一〇日、浮田和民「青年時代の修養」
第六巻第二号、明治三六年二月一〇日、井上哲次郎「青年の良心に対する用意（承前）」
第六巻第一〇号、明治三六年八月一〇日、久保田譲「成功」
第六巻第一〇号、明治三六年八月一〇日、山田三良「成功の領土」
第七巻第三号、明治三七年三月一〇日、鶯塘生「自殺者の遺書」

第九巻第五号、明治三九年四月一〇日、大村仁太郎談「青年品性修養策」
第九巻第六号、明治三九年五月一〇日、長谷川天渓「青年病」
第九巻第八号（定期増刊号『学生座右録』）、明治三九年六月二〇日、「現代の趨勢と青年の覚悟」
第九巻第一二号（定期増刊号『青年修養百談』）、明治三九年九月二〇日

『児童研究』
第一巻第一号、明治三一年一一月、「青年時代に関する研究」
第一巻第二号、明治三一年一二月、「児童と野蛮人との類似点」
第一巻第三号、明治三二年一月、「青年時代の研究」
第一巻第三号、明治三二年一月、「青年の理想に就きて」
第一巻第八号、明治三二年六月、高島平三郎「少年期に於ける倫理的感情の研究」
第一巻第一〇号、明治三二年八月、「研究法大意（第十回）」
第二巻第二号、明治三二年一〇月、高島平三郎「児童の情性を論じて我が国民性の欠点に及ぶ」
第二巻第二号、明治三二年一〇月、塚原政次「児童研究の困難を論ず」
第二巻第二号、明治三二年一〇月、「中学生徒の監督」
第二巻第四号、明治三二年一二月、「青年の本領」
第二巻第四号、明治三二年一二月、「青年時代」
第二巻第七号、明治三三年三月、「高等学校時代」

第二巻第八号、明治三三年四月、「学生に関する風紀問題」
第二巻第九号、明治三三年五月、「人生の危期」
第三巻第五号、明治三三年一一月、「学生と神経衰弱症」
第三巻第五号、明治三三年一一月、「児童の自殺に就いて」
第三巻第七号、明治三四年一月、「応問」
第三巻第八号、明治三四年二月、一衛生家（無題）
第五巻第二号、明治三五年四月、「学校騒動の原因を論ず」
第五巻第四号、明治三五年六月、高島平三郎「青年期及び其の教育（上）」
第五巻第五号、明治三五年七月、高島平三郎「青年期及び其の教育（下）」
第六巻第七号、明治三六年七月、「青年と自殺」
第六巻第七号、明治三六年七月、「厭世的傾向」
第九巻第六号、明治三九年六月、「青年の煩悶及び厭世」

『中央公論』
第一四巻第一一号、明治三二年一一月、「宗教と修養」
第一五巻第三号、明治三三年三月、「飢えたる青年」
第一五巻第一一号、明治三三年一一月、「青年の飢渇」
第一六巻第一二号、明治三四年一二月、春潮「修養の時代」

第一七巻第一号、明治三五年一月、井上哲次郎述「日本社会目下の病弊」

『校友会雑誌』（第一高等学校校友会）
第九四号、明治三三年二月、木山熊次郎「校風の今日」

『女学世界』
第六巻第五号、明治三九年四月五日、元良勇次郎「男女青年の煩悶と其解決」
第六巻第九号、明治三九年七月五日、井上円了「男女青年の自殺に就いて」
第六巻第一五号、明治三九年一一月五日、福迫亀太郎「女性の堕落てふ声を聞て」

『日本人』
第四三九号、明治三九年七月、三宅雪嶺「慷慨衰へて煩悶興る」

『新公論』
第二一巻第七号、明治三九年七月、根本正「興国の青年男女に告ぐ」
第二一巻第七号、明治三九年七月、花井卓蔵「三薬の調合按排」
第二一巻第七号、明治三九年七月、山根正次「是れが救済法は個人問題に非ずして国家問題なり」
第二一巻第七号、明治三九年七月、鳩山春子「学校の教員よりも家庭の両親に依て療治すべし」

第二一巻第八号、明治三九年八月、三輪田真佐子「聖賢の教を標準として決行せよ」
第二一巻第八号、明治三九年八月、谷本富「家庭の家良《ママ》は其第一諦なり」
第二一巻第七―八号、明治三九年七―八月、特集「如何にして衰世の悪傾向を防止すべき可　厭世と煩悶の救治策」

『丁酉倫理会倫理講演集』
第六八号、明治四一年五月、木山熊次郎「求めたりされど与へられず」

（二）新聞史料

『万朝報』
明治三六年五月二六日、「藤村操の『巌頭之感』」
明治三六年六月一六―一八日、黒岩涙香「藤村操の死に就いて」

『国民新聞』
明治三七年九月二五日、蘇峰生「青年の気風」
明治三九年二月一八日、蘇峰生「地方の青年に答ふる書」
明治三九年二月二五日、蘇峰生「再び　地方の青年に答ふる書」

明治三九年三月四日、蘇峰生「三たび　地方の青年に答ふる書」
明治三九年三月一一日、蘇峰生「四たび　地方の青年に答ふる書」
明治三九年三月一八日、蘇峰生「五たび　地方の青年に答ふる書」

『読売新聞』
明治三九年一月二九日、「女の藤村操」

（三）単行本等史料

尾崎行雄『新日本　初巻』（集成社・博文堂、明治一九年）
尾崎行雄『新日本　二巻』（集成社・博文堂、明治二〇年）
木山熊次郎『希望の青年』（内外教育評論社、明治四一年）
島崎藤村『藤村詩集』（春陽堂、明治三七年）
下村泰大編『増補　東京留学案内』（和田篤太郎、明治一八年）
鈴木力『活青年』（博文堂、明治二六年増補再版、初版は明治二四年）
第一高等学校編『第一高等学校六十年史』（昭和一四年）
第一高等学校寄宿寮編『向陵史』（大正一四年）
徳富猪一郎『将来之日本』（経済雑誌社、明治一九年）

徳富猪一郎『新日本之青年　再版』（集成社、明治二〇年）
徳富猪一郎『大正の青年と帝国の前途』（民友社、大正一一年）
徳富猪一郎『蘇峰自伝』（中央公論社、昭和一〇年）
西村茂樹『徳学講義　第六冊』（哲学書院、明治三一年）
人見一太郎編『新日本の青年及ひ新日本の政治』（民友社、明治二〇年）
日比野寛『青年子女堕落の理由　附其矯救策』（金港堂、明治四〇年）
本富安四郎『地方生指針』（小林新兵衛、明治二〇年）
松村介石『立志之礎』（警醒社、明治二二年）
松村介石『阿伯拉罕倫古龍』（警醒社、明治二三年）
松村介石『我党の徳育』（警醒社、明治二六年）
松村介石『修養録』（警醒社、明治三二年）
松村介石『信仰五十年』（道会事務所、大正一五年）
松本孝次郎『児童研究』（帝国通信講習会、明治三四年）
松本孝次郎『実際的児童学』（同文館、明治三四年）
宮崎湖処子編『抒情詩』（民友社、明治三〇年）
元良勇次郎・中島力造・速水滉・青木宗太郎訳『青年期の研究』（同文館、明治四三年）
山本良吉『中学研究』（同文館、明治四一年）
横井時雄・原田助『日本の道徳と基督教』（警醒社、明治二五年）

吉丸一昌編『名家修養談叢』（国光社、明治三六年）

（四）資料集・全集など

小崎弘道『小崎弘道全集　第三巻』（小崎全集刊行会、昭和一三年）
成城学園沢柳政太郎全集刊行会編『修養と教育　沢柳政太郎全集　第二巻』（国土社、一九七七年）
内外教育評論社編『木山熊次郎遺稿』（内外教育評論社、大正二年）
新潟県立新発田中学校『新潟県立新発田中学校一覧』（明治三五年）
花立三郎・杉井六郎・和田守編『同志社大江義塾　徳富蘇峰資料集』（三一書房、一九七八年）
藤原昭三・須崎慎一・和崎光太郎・山本かえ子「古家実三日記（二）――一九〇七年九月一四日～一九〇八年七月一〇日」古家実三日記研究会『古家実三日記研究』（第二号、二〇〇二年五月）
藤原昭三・須崎慎一・和崎光太郎・山本かえ子「古家実三日記（三）――一九〇八年七月一一日～一九〇九年七月三一日」古家実三日記研究会『古家実三日記研究』（第三号、二〇〇三年五月）
文部省総務局文書課『日本帝国文部省第二十七年報　自明治三十二年　至明治三十三年』（明治三三年一二月）
文部省総務局文書課『日本帝国文部省第二十九年報　自明治三十四年　至明治三十五年』（明治三六年四月）
松本三之介・山室信一校注『日本近代思想大系一一　言論とメディア』（岩波書店、一九九〇年）
『出版指標年報　二〇一五年版』（全国出版協会出版科学研究所、二〇一五年）
『定本国木田独歩全集　第六巻　増補版』（学習研究社、一九九五年）

『日本教育史基本文献・史料叢書　四七　中等教育の革新』（大空社、一九九七年）
『日本教育史基本文献・史料叢書　四八　学生風紀問題　全』（大空社、一九九八年）
『日本哲学思想全書　第十六巻　修養篇・茶道篇』（平凡社、一九五六年）
『明治文学全集　三四　徳富蘇峰集』（筑摩書房、一九七四年）

（五）研究書・研究論文

天野郁夫『試験の社会史――近代日本の試験・教育・社会』（東京大学出版会、一九八三年）
雨田英一「久津見蕨村の教育思想――その国家教育思想」東京大学『東京大学教育学部紀要』（第二〇巻、一九八一年二月）
雨田英一「近代日本の青年と「成功」・学歴――雑誌『成功』の「記者と読者」欄の世界」学習院大学文学部『研究年報』（第三五号、一九八九年三月）
荒井明夫『明治国家と地域教育――府県管理中学校の研究』（吉川弘文館、二〇一一年）
荒井輝允『軽井沢を青年が守った――浅間山米軍演習地反対闘争一九五三』（かもがわ出版、二〇一四年）
荒川章二「規律化される身体」『岩波講座　近代日本の文化史四　感性の近代』（岩波書店、二〇〇二年）
有山輝雄「言論の商業化――明治二〇年代『国民之友』」成城大学『コミュニケーション紀要』（第四号、一九八六年七月）
有山輝雄『徳富蘇峰と国民新聞』（吉川弘文館、一九九二年）

有山輝雄「民友社ジャーナリズムと地方青年」成城大学『コミュニケーション紀要』(第一〇号、一九九五年八月)
安藤耕己「近代日本における青年集団の二重構造に関する一考察——埼玉県旧名栗村における事例を中心に」日本社会教育学会『日本社会教育学会紀要』(第四三号、二〇〇七年六月)
石井房江「高島平三郎の小児研究とその時代」心理科学研究会歴史研究部会編『日本心理学史の研究』(法政出版、一九九八年)
石三次郎・小山文太郎編『中学生の新しい道徳　正しい生き方』(清水書院、一九五七年四月)
石堂彰彦「『書生』と『学生』のあいだ——一八八〇年代の『読売新聞』における変遷」成蹊大学大学院文学研究科『成蹊人文研究』(第一四号、二〇〇六年三月)
伊東久智「日清戦争後における青年雑誌の自律化過程——創刊期『中学世界』における読者層の交錯を手がかりとして」日本出版学会『出版研究』(第三八号、二〇〇八年三月)
伊藤裕子「『青年心理学』にみる女子青年の位置」日本女性学研究会女性学年報編集委員会『女性学年報』(第七号、一九八六年一一月)
稲垣恭子「明治の『堕落』女学生」柴野昌山編『文化伝達の社会学』(世界思想社、二〇〇一年)
稲垣恭子「不良・良妻賢母・女学生文化」稲垣恭子・竹内洋編『不良・ヒーロー・左傾　教育と逸脱の社会学』(人文書院、二〇〇二年)
今西一『近代日本成立期の民衆運動』(柏書房、一九九一年)
色川大吉「明治二十年代の文化」『岩波講座　日本歴史一七　近代四』(岩波書店、一九六二年)

岩田文昭『近代仏教と青年――近角常観とその時代』（岩波書店、二〇一四年）
植手通有「解題」『明治文学全集　三四　徳富蘇峰集』（筑摩書房、一九七四年）
鵜殿篤「『教育的』及び『個性』――教育学用語としての成立」東京大学大学院教育学研究科教育学研究室『研究室紀要』（第二七号、二〇〇一年六月）
海老原嗣生『「若者はかわいそう」論のウソ――データで暴く「雇用不安」の正体』（扶桑社、二〇一〇年）
王成「近代日本における〈修養〉概念の成立」国際日本文化研究センター『日本研究』（第二九集、二〇〇四年一二月）
大泉溥「高島平三郎著作集　解説」『高島平三郎著作集　第六巻』（学術出版会、二〇〇九年）
大村惠「教育学からの青年論――若者と青年との間」日本科学者会議『日本の科学者』（第三七巻第九号、二〇〇二年九月）
大串隆吉「農村青年会運動発生についての一考察――蘇峰と滝之助をめぐって」東京都立大学人文学部『人文学報・教育学』（第八号、一九七三年三月）
岡本洋之「S・スマイルズら英国人が中村正直訳書を通して五日市憲法草案関係者に与えた影響――千葉卓三郎（一八五二―八三）の教育論を中心とした考察」（教育史学会第六〇回大会研究発表、二〇一六年一〇月一日、於横浜国立大学）
岡義武「日露戦争後における新しい世代の成長　上」『思想』（第五一二号、一九六七年二月）
岡義武「日露戦争後における新しい世代の成長　下」『思想』（第五一三号、一九六七年三月）
岡和田常忠「明治期における青年論の政治的意味」（東京大学大学院法学政治学研究科、博士論文、一九六六年

三月学位授与）
岡和田常忠「青年論と世代論――明治期におけるその政治的特質」『思想』（第五一四号、一九六七年四月）
荻原晃『青年に答う』（中央出版社、一九六四年）
小田切秀雄「文学史上の『青年文学』」『解説「青年文学」復刻版別冊』（日本近代文学館、一九七五年）
尾西康充「北村透谷と松村介石――雑誌『三籟』をめぐる考察」三重大学日本語学文学研究室『三重大学日本語学文学』（第一〇号、一九九九年六月）
鬼塚博「青年集団に見る地域社会の統制と民衆によるその受容の過程」歴史学研究会『歴史学研究』（第六六九号、一九九五年三月）
海後宗臣『教育勅語成立史の研究』（東京大学出版会、一九六五年）
籠谷次郎『近代日本における教育と国家の思想』（阿吽社、一九九四年）
片桐芳雄「民権的学塾の教育――大江義塾と熊本の自由民権運動」国民教育研究所・「自由民権運動と教育」研究会編『自由民権運動と教育』（草土文化、一九八四年）
片桐芳雄「近代日本の教育学と『個性』概念」日本女子大学教育学科『人間研究』（第四二号、二〇〇六年三月）
片瀬一男『若者の戦後史――軍国少年からロスジェネまで』（ミネルヴァ書房、二〇一五年）
加藤潤「近代言説としての『青年期』」名古屋女子大学『名古屋女子大学紀要（人文・社会編）』（第四八号、二〇〇二年三月）
加藤隆勝・森下由美「『青年』ということばの由来をめぐって」筑波大学心理学系『筑波大学心理学研究』（第一一号、一九八九年三月）

加藤千香子『近代日本の国民統合とジェンダー』（日本経済評論社、二〇一四年）
鹿野政直「一民権私塾の軌跡――大江義塾の小歴史」『思想』（第五三六号、一九六九年二月）
上垣外憲一『日本留学と革命運動』（東京大学出版会、一九八二年）
北河賢三『戦後史のなかの生活記録運動――東北農村の青年・女性たち』（岩波書店、二〇一四年）
北村三子『青年と近代――青年と青年をめぐる言説の系譜学』（世織書房、一九九八年）
木下直之『戦争という見世物――日清戦争祝捷大会潜入記』（ミネルヴァ書房、二〇一三年）
木村直恵『〈青年〉の誕生――明治日本における政治的実践の転換』（新曜社、一九九八年）
木村晴代「煩悶自殺する青年の登場――藤村操『巌頭之感』に関する報道と小説について」北海道大学国語国文学会『国語国文研究』（第一四三号、二〇一三年七月）
木村洋『文学熱の時代――慷慨から煩悶へ』（名古屋大学出版会、二〇一五年）
教育史編纂会編『明治以降教育制度発達史　第三巻』（教育資料調査会、一九三八年初版、一九六四年重版）
教育史編纂会編『明治以降教育制度発達史　第五巻』（教育資料調査会、一九三八年初版、一九六四年重版）
教育ジャーナリズム史研究会編『教育関係雑誌目次集成』（日本図書センター、一九九二年）
キンモンス、E・H、広田照幸・加藤潤・吉田文・伊藤彰浩・高橋一郎訳『立身出世の社会史』（玉川大学出版部、一九九五年）、原著は Earl H. Kinmonth, *The Self-Made Man in Meiji Japanese Thought: from Samurai to Salary Man*, University of California Press, 1981.
栗田英彦「明治三〇年代における『修養』概念と将来の宗教の構想」日本宗教学会『宗教研究』（第八九巻第三号、二〇一五年一二月）

樽松かほる・菅原亮芳・小熊伸一「近代日本教育雑誌史研究（二）」桜美林大学『桜美林論集　一般教育編』（第一八号、一九九一年）
黒澤英典「武蔵学園建学の理想と山本良吉の教師論――閉塞的時代をリードした気骨あふれる教育者」『武蔵大学人文学会雑誌』（第四一巻第三・四号、二〇一〇年三月）
小谷敏編『若者論を読む』（世界思想社、一九九三年）
小室弘毅「『修養』に関する研究動向」修養研究部会編『人間形成と修養に関する総合的研究（野間教育研究所紀要　第五一集）』（野間教育研究所、二〇一二年）
小山静子『良妻賢母という規範』（勁草書房、一九九一年）
小山静子「メディアによる女学生批判と高等女学校教育――女性が教育を受けることはどのようにとらえられたか」辻本雅史編『知の伝達メディアの歴史研究――教育史像の再構築』（思文閣出版、二〇一〇年）
小山静子「問題関心」小山静子編『男女別学の時代――戦前期中等教育のジェンダー比較』（柏書房、二〇一五年）
斉藤太郎「明治期における学生・生徒の問題行動の理解様式について（一）」東京農業大学『一般教育学術集報』（第一〇巻第一〇号、一九七四年五月）
斉藤太郎「明治中期における精神障害理解の一様相」筑波大学『筑波大学教育学系論集』（第一巻、一九七七年三月）
斉藤太郎「明治後期における青年期理解をめぐって（I）――明治期における学生・生徒の問題行動の理解様式について・覚書三」筑波大学『筑波大学教育学系論集』（第二巻、一九七八年三月）

斉藤利彦『競争と管理の学校史――明治後期中学校教育の展開』（東京大学出版会、一九九五年）
斉藤利彦「『中等教育の革新』解説」『日本教育史基本文献・史料叢書　四七　中等教育の革新』（大空社、一九九七年）
齋藤智哉「中村正直（敬宇）における『修養』」（日本教育学会第六七会大会一般研究発表、二〇〇八年八月二九日、於佛教大学）
三枝博音「『修養篇』の解説」『日本哲学思想全書　第十六巻　修養篇・茶道篇』（平凡社、一九五六年）
佐古純一郎『近代日本思想史における人格観念の成立』（朝文社、一九九五年）
佐藤達也・溝口元編『通史　日本の心理学』（北大路書房、一九九七年）
佐藤秀夫『教育の文化史一　学校の構造』（阿吽社、二〇〇四年）
佐藤秀夫『教育の文化史二　学校の文化』（阿吽社、二〇〇五年）
澁谷知美『立身出世と下半身――男子学生の性的身体の管理の歴史』（洛北出版、二〇一三年）
下山寿子「『児童研究』――学校の学びと教育病理情報」菅原亮芳編『受験・進学・学校――近代日本教育雑誌にみる情報の研究』（学文社、二〇〇八年）
昭和女子大学近代文学研究室『近代文学研究叢書　第四五巻』（昭和女子大学近代文化研究所、一九七七年）
新堀通也『「殺し文句」の研究』（理想社、一九八五年）
新谷恭明「明治期の中等教育に於ける二つの接続」慶應義塾福沢研究センター『近代日本研究』（第三一巻、二〇一五年二月）
菅井凰展「明治後期における第一高等学校学生の思潮――『校友会雑誌』を中心に」坂野潤治他編『日本近現

代史二　資本主義と「自由主義」』（岩波書店、一九九三年）
菅野文彦「G・S・ホールの教育思想の成立――自然科学の進展と反復説」筑波大学『西洋教育史研究』（第一七号、一九八八年）
菅原亮芳『近代日本における学校選択情報――雑誌メディアは何を伝えたか』（学文社、二〇一三年）
杉井六郎「民友社の背景とその成立」同志社大学人文科学研究所編『民友社の研究』（雄山閣、一九七七年）
杉本政繁「G・S・ホールの『青年期』における motor education 論」日本体育学会『体育学研究』（第二八巻第二号、一九八三年九月）
砂山幸雄「『五四』の青年像――惲代英とアナーキズム」アジア政経学会『アジア研究』（第三五巻第二号、一九八九年二月）
住友陽文「形成期青年会の論理と展開」日本史研究会『日本史研究』（第三四〇号、一九九〇年一二月）
隅谷三喜男『隅谷三喜男著作集　第七巻』（岩波書店、二〇〇三年）
瀬川大「明治三〇年代前半における農村青年会の歴史的位置」信濃史学会『信濃』（第六二巻第一一号、二〇一〇年一一月）
瀬川大「明治中期の旧制中学校における『修養』の普及過程――松本中学校及び岐阜中学校の事例」日本道徳教育学会事務局『道徳と教育』（第三三二号、二〇一四年三月）
関肇「明治三十年代の青年とその表現の位相」学習院大学文学部『研究年報』（第四〇編、一九九四年三月）
関肇「国木田独歩の自己形成」私学研修福祉会『私学研修』（第一五六号、二〇〇一年二月）
高橋新太郎「『巌頭之感』の波紋」『文学』（第五四巻第七号、一九八六年八月）

武石典史『近代東京の私立中学校――上京と立身出世の社会史』（ミネルヴァ書房、二〇一二年）
竹内洋『日本の近代一二　学歴貴族の栄光と挫折』（中央公論新社、一九九九年）
竹内洋『立身出世主義　増補版』（世界思想社、二〇〇五年）
田嶋一『〈少年〉と〈青年〉の近代日本――人間形成と教育の社会史』（東京大学出版会、二〇一六年）
田中智志『人格形成概念の誕生――近代アメリカの教育概念史』（東信堂、二〇〇五年）
田中昌人「文明開発期における発達の概念の導入について――Hepburn, L. C. と中村正直の場合」『京都大学教育学部紀要』（第三四号、一九八八年三月）
多仁照廣『青年の世紀』（同成社、二〇〇三年）
多仁照廣『山本瀧之助の生涯と社会教育実践』（不二出版、二〇一一年）
陳文松「植民地支配と「青年」――台湾総督府の「青年」教化政策と地域社会の変容」（東京大学大学院総合文化研究科地域文化研究専攻、博士論文、二〇〇八年六月学位授与）
筒井清忠「修養主義の説得戦略」社会学研究会『ソシオロジ』（第三六巻二号、一九九一年一〇月）
筒井清忠「近代日本の教養主義と修養主義――その成立過程の考察」『思想』（第八一二号、一九九二年二月）
津留宏「わが国における青年心理学の発展」青年心理学研究会編『わが国における青年心理学の発展』（金子書房、一九七三年）
寺崎昌男「明治学校史の一断面――学校紛擾をめぐって」教育史学会機関誌編集委員会『日本の教育史学』（第一四集、一九七一年一〇月）
寺崎昌男「日本における近代学校体系の整備と青年の進路」日本教育学会『教育学研究』（第四四巻第二号、一

九七七年六月）
寺崎昌男「自治寮制度成立史論――とくに木下広次とその二演説をめぐって」旧制高等学校資料保存会『旧制高等学校史研究』（季刊第一五号、一九七八年一月）
寺崎昌男『増補版　日本における大学自治制度の成立』（評論社、二〇〇〇年）
筧田知義『旧制高等学校教育の成立』（ミネルヴァ書房、一九七五年）
利谷信義「日本資本主義と法学エリート（二）――明治期の法学教育と官僚養成」『思想』（第四九六号、一九六五年一〇月）
冨岡勝「『学生風紀問題』解説」『日本教育史基本文献・史料叢書四八　学生風紀問題　全』（大空社、一九九八年）
冨岡勝「第一高等中学校寄宿舎自治制導入過程の再検討（その二）――木下広次教頭就任の背景と就任当初の方針」一八八〇年代教育史研究会『一八八〇年代教育史研究年報』（第二号、二〇一〇年一〇月）
冨岡勝「第一高等中学校寄宿舎自治制導入過程の再検討（その四）――寄宿舎自治制案の登場・検討と自治制導入」一八八〇年代教育史研究会『一八八〇年代教育史研究年報』（第四号、二〇一二年一〇月）
冨岡勝「第一高等中学校寄宿舎自治制導入過程の再検討（その五）――寄宿舎自治制導入過程から見えてくること」一八八〇年代教育史研究会『一八八〇年代教育史研究年報』（第五号、二〇一三年一〇月）
中野光『教育名著選集⑥　大正自由教育の研究』（黎明書房、一九九八年、初版は一九六八年）
中野実「帝国大学体制の成立とその改編の動向」寺崎昌男・編集委員会共編『近代日本における知の配分と国民統合』（第一法規出版、一九九三年）

長尾宗典『〈憧憬〉の明治精神史――高山樗牛・姉崎嘲風の時代』（ぺりかん社、二〇一六年）
中野目徹『政教社の研究』（思文閣出版、一九九三年）
中野目徹『明治の青年とナショナリズム――政教社・日本新聞社の群像』（吉川弘文館、二〇一四年）
滑川道夫「解説――主幹山縣悌三郎と『少年園』」『少年園復刻版　解説・総目次・索引』（不二出版、一九八八年）
成沢光『現代日本の社会秩序――歴史的起源を求めて』（岩波書店、一九九七年）
西田勝「解説」『復刻版　青年文　別冊』（不二出版、二〇〇三年）
野村浩一『近代中国の思想世界――『新青年』の群像』（岩波書店、一九九〇年）
橋川文三『昭和維新試論』（筑摩書房、二〇〇七年）
花立三郎『大江義塾――一民権私塾の教育と思想』（ぺりかん社、一九八二年）
花立三郎『徳富蘇峰と大江義塾』（ぺりかん社、一九八二年）
林潤平「明治期理科教育における自然愛の養成という教育目的の語られ方――棚橋源太郎の理科教授論の分析を中心に」教育史フォーラム・京都『教育史フォーラム』（第九号、二〇一四年五月）
林房雄『青年』（講談社、一九六四年）
林雅代「近代日本の『青少年』観に関する一考察――『学校生徒』の喫煙問題の生成・展開過程を中心に」日本教育社会学会『教育社会学研究』（第五六集、一九九五年四月）
林雅代「未成年者喫煙禁止法の制定と『青少年』観――根本正と山本滝之助の思想に注目して」名古屋大学『名古屋大学教育学部紀要（教育学科）』（第四二巻第一号、一九九五年九月）

檜山幸夫編『近代日本の形成と日清戦争――戦争の社会史』(雄山閣、二〇〇一年)
平石典子『煩悶青年と女学生の文学誌――「西洋」を読み替えて』(新曜社、二〇一二年)
平岩昭三『検証　藤村操――華厳の滝投身自殺事件』(不二出版、二〇〇三年)
広田照幸「近代知の成立と制度化」歴史学研究会・日本史研究会編『日本史講座　第八巻　近代の成立』(東京大学出版会、二〇〇五年)
広田照幸編『若者文化をどうみるか?――日本社会の具体的変動の中に若者文化を定位する』(アドバンテージサーバー、二〇〇八年)
広田照幸・伊藤茂樹『教育問題はなぜまちがって語られるのか?――「わかったつもり」からの脱却』(日本図書センター、二〇一〇年)
古市憲寿『絶望の国の幸福な若者たち』(講談社、二〇一一年)
細谷実「大町桂月による男性性理念の構築」関東学院大学『自然・人間・社会』(第三一号、二〇〇一年七月)
前田晶子「明治初期の子育て書における発達概念の使用――近代日本における発達概念理解についての一考察」『鹿児島大学教育学部研究紀要　教育科学編』(第五六号、二〇〇五年三月)
前田晶子「近代日本の発達概念における身体論の検討」『鹿児島大学教育学部研究紀要　教育科学編』(第五九号、二〇〇八年三月)
前田晶子「『児童研究』における発達思想の形成」『鹿児島大学教育学部研究紀要　教育科学編』(第六〇号、二〇〇九年三月)
前之園幸一郎「シンポジウムの討論内容の要約」教育史学会機関誌編集委員会『日本の教育史学』(第三五集、

一九九二年一〇月）
松岡信義「児童研究運動における『科学』観の検討（一）」美作女子大学短期大学部『美作女子大学短期大学部紀要』（第三〇号、一九八五年）
丸山眞男著、松沢弘陽訳「個人析出のさまざまなパターン」ジャンセン、M・B編『日本における近代化の問題』（岩波書店、一九六八年）
水野真知子『高等女学校の研究（上）――女子教育改革史の視座から』（野間教育研究所、二〇〇九年）
宮川透『日本精神史の課題』（紀伊國屋書店、一九七四年）
宮坂広作『宮坂広作著作集三　近代日本の青年期教育』（明石書店、一九九五年）
宮崎聖子「台湾における抗日運動の主体形成と〈青年〉概念――一九二〇―二四年を中心に」台湾史研究会『現代台湾研究』（第二一号、二〇〇一年三月）
宮崎聖子『植民地期台湾における青年団と地域の変容』（御茶の水書房、二〇〇八年）
宮前耕史「明治中後期地方青年の思想と行動」筑波大学『日本文化研究――筑波大学大学院博士課程日本文化研究学際カリキュラム紀要』（第七号、一九九六年三月）
宮前耕史「明治中後期風俗改良に関する一考察――志摩郡越賀村における若者組織と『遊屋』改良」筑波大学大学院人文社会科学研究科歴史・人類学専攻『歴史人類』（第三五号、二〇〇七年三月）
村上龍『逃げる中高年、欲望のない若者たち』（幻冬舎、二〇一四年）
森田智幸「拮抗する青年論――明治後期中学生による応答の諸相」斉藤利彦編『学校文化の史的探究――中等諸学校の「校友会雑誌」を手がかりとして』（東京大学出版会、二〇一五年）

山田秀嶺『青年らしい手紙文の書き方』（日本文芸社、一九六四年）
吉野剛弘「明治後期における旧制高等学校入試――文部省の入試政策と各学校への影響を中心に」慶應義塾大学『慶應義塾大学大学院社会学研究科紀要』（第五二号、二〇〇一年九月）
吉野剛弘「明治後期における中等教育と高等教育とのアーティキュレーション」慶應義塾福沢研究センター『近代日本研究』（第三一巻、二〇一五年二月）
米田俊彦『近代日本中学校制度の確立――法制・教育機能・支持基盤の形成』（東京大学出版会、一九九二年）
米原謙『徳富蘇峰――日本ナショナリズムの軌跡』（中央公論新社、二〇〇三年）
ロジャー・グッドマン／井本由紀／トゥーッカ・トイボネン編『若者問題の社会学――視線と射程』（井本由紀監訳、西川美樹訳、明石書店、二〇一三年）、原著は Edited by Roger Goodman, Yuki Imoto and Tuukka Toivonen, *A SOCIOLOGY OF JAPANESE YOUTH From returnees to NEETs*, Routledge, 2011.
和崎光太郎「明治末期の青年の意識――『古家実三日記』にみる（上）」古家実三日記研究会『古家実三日記研究』（創刊号、二〇〇一年一一月）
和崎光太郎「明治末期の青年の意識――『古家実三日記』にみる（下）」古家実三日記研究会『古家実三日記研究』（第二号、二〇〇二年五月）
和崎光太郎「青年期自己形成概念としての〈修養〉論の誕生」教育史学会機関誌編集委員会『日本の教育史学』（第五〇集、二〇〇七年一〇月）
和崎光太郎「世紀転換期における〈修養〉の変容」教育史フォーラム・京都『教育史フォーラム』（第五号、二〇一〇年三月）

和崎光太郎「近代日本における「青年期」概念の成立――「立志の青年」から「学生青年」へ」京都大学大学院人間・環境学研究科『人間・環境学』（第一九号、二〇一〇年一二月）
和崎光太郎「近代日本における「煩悶青年」の再検討――一九〇〇年代における〈青年〉の変容過程」教育史学会機関誌編集委員会『日本の教育史学』（第五五集、二〇一二年一〇月）
和崎光太郎「〈青年〉史研究序説――〈青年〉の誕生を再考する」近畿大学教職教育部『近畿大学教育論叢』（第二七巻第二号、二〇一六年三月）
和崎光太郎「〈青年〉の成立――明治二〇年代初頭における〈青年〉と「学生」の相克」中等教育史研究会『中等教育史研究』（第二三号、二〇一六年四月）

あとがき

本書は、京都大学大学院人間・環境学研究科に提出した博士学位論文「明治中後期における〈青年〉の成立と展開」を、加筆修正したものである。同研究科からはこの論文の審査により、二〇一六年三月二三日に博士（人間・環境学）の学位を授与された。本書の出版にあたっては、「平成二八年度総長裁量経費人文・社会系若手研究者出版助成」（京都大学）を受けることができた。

かなり変わった博士論文だと思う。最終的には、一五年前に書いた自分の卒業論文（序章注23）で提示した課題をあらためて紐解いていったような博士論文になった。ただし、博士論文提出の一ヵ月前までは、そんなことは微塵も考えていなかった。むしろ、何をやっているのか自分でもわからないような時期がとても長かった。

博士論文のおぼろげな構想が立ち上がってきたのは、本来ならばもう博士論文を提出しなければならない博士後期課程三年目、二〇一〇年の夏だった。しかし、将来の自分が何をしているのかさっぱり想像できず、以前に増して研究が手につかなくなり、この年の秋から冬にかけては、銭湯と買物以外はほとんど外出しない生活を六畳一間で送っていた。今でもよく覚えている、この冬はとにかく寒く、京都にしてはよく雪が降った。現実世界での人とのまともな接点は、週一で院生研究室に行くことくらいになっていた。

春になり、幸運にも京都市学校歴史博物館での勤務が決まり、二〇一一年四月から週五日、約八時間の仕事が始まった。職場が「これはなんとかしなければ」という状態だったこともあり、一気に覚醒した。この時が、私にとっての実質的な出発点となった。

普通は、忙しくなったら研究ができなくなるのだろうが、もとから研究できる精神状態になかった者にとっては、多少忙しくなった方が良いようである。職場では新たな仲間に恵まれ、博士論文執筆の意欲が沸き起こり、この年の秋に学会発表することを決めた。休みの日を使って四か月で論文を完成させ、学会発表を経て『日本の教育史学』（教育史学会機関誌）に掲載された。こんなことは、元来要領が悪い私にはもう二度とできない。

冬からは、博物館学芸員としてのデビュー企画展の準備を進めていった。仕事を通して人とのつながりが増え、感謝される喜びをあらためて感じた。ただし、年末年始で博士論文の序章のアウトラインを書こうと思っていたのだが、これは完全に挫折した。考えても考えても、まったく書けなかった。

二〇一二年春、気分を新たにして本論部分の執筆に戻り、同年秋に学会発表した。「このまま行けば博士論文を書ける」という自信がつき、博士後期課程を指導認定退学（課程修了）した。課程博士の論文提出〆切まで残り三年の時限タイマーが動き始めた。しかし、この年も年末年始の休暇で序章の「じょ」の字も書くことができなかった。まるで、登ることのできない氷の壁を登ろうと、必死にもがいているようだった。まとまった公休日はこの期間しか無いにもかかわらず、二年連続での挫折である。他の要因も重なり、二〇一三年の春先には博士論文執筆の意欲が落ちていた。

一方で、仕事は充実していった。企画展をするたびに来館者数が増え、取材や講演依頼も多くなり、まち歩きのガイドや研修の講師も務めるようになった。職場の雰囲気はとても明るく、スタッフは皆親切で、仕事に打ち込む環境は完璧にできていた。何よりも、来館者からの励ましが心強く、二〇一四年秋に『京都新聞』で連載を始めた頃には、「博物館、良くなったねえ」と初対面の方からも言われるようになっていた。

また、この頃には大学非常勤講師として教育史を教えるようにもなっていた。博物館での仕事も楽しいけど、大学での授業もとにかく楽しい。しかし、約二年間、博士論文の執筆は完全に止まっていた。

転機が訪れたのは、二〇一五年三月、ある先輩の博士学位審査公聴会終了を祝う会でのことである。まず、指導教員に「お酒が入る前に一言話があります」と前置きされ、二・三の重たい言葉をいただいた。さらに、公聴会を終えたばかりの先輩から博士論文提出までの道のりをきかせてもらえた。執筆意欲に火がついた。

しかし、博士論文の完成に向けて急に再起動したものの、元来怠け者の私は、楽な作業＝各章の執筆に走ってしまい、肝心の序章前半部分と終章に手をつけられずにいた。頭の中にはなんとなくその姿があるのに、それを文字化することができなかったのである。

夏が終わり、提出期限まで残り一か月を切り、もう無理だと思ってある大先輩に泣きついた。お忙しい中にもかかわらず時間をとっていただき、喫茶店集合だったのになぜか居酒屋に移動することになり、美味しいお酒を飲みながらアドバイスをいただいた。スッキリした。「書きたいことを書こう」と開き直り、「なんでこの研究をしているのか」と初めてきちんと自分に向き合えた。それまで五年間、まともに書くことができなかった序章と終章を、荒削りではあるがまさかの一週間ほどで書き終えた。

ということで、なんとか二〇一六年三月に博士学位を授与された。私にとっては大きな節目であり、ほんとうにほんとうに嬉しかった。学位授与式には、女手一つで私を育ててくれた母を招待した。同時に、ミネルヴァ書房のとある編集担当者に博士論文を出版したい旨を伝え、快い返事をいただいた。大学からの出版助成も受けられることになった。

しかし、出版に向けての加筆修正は進まなかった。博物館関連の仕事が多忙を極めるのに加え、二〇一六年四月から大学で新しい授業を二つ持つことになったのでしばらくそのレジュメ作成などに没頭し、博士論文の加筆修正に取り組んだのは九月以降の一か月半、集中的に行った。公聴会で主査・副査の先生方からいただいたご指摘の多くは、この段階で全体的に反映された。その結果誕生したのが、本書である。

本書は、序章と終章はほぼ書下ろしだが、一章から六章は以下の論文が元になっている（投稿順・すべて単著）。

「青年期自己形成概念としての〈修養〉論の誕生」教育史学会機関誌編集委員会『日本の教育史学』（第五〇集、二〇〇七年一〇月）

「世紀転換期における〈修養〉の変容」教育史フォーラム・京都『教育史フォーラム』（第五号、二〇一〇年三月）

「近代日本における「青年期」概念の成立――「立志の青年」から「学生青年」へ」京都大学

大学院人間・環境学研究科『人間・環境学』（第一九号、二〇一〇年一二月）
「近代日本における「煩悶青年」の再検討――一九〇〇年代における〈青年〉の変容過程」教育史学会機関誌編集委員会『日本の教育史学』（第五五集、二〇一二年一〇月）
「〈青年〉史研究序説――〈青年〉の誕生を再考する」近畿大学教職教育部『近畿大学教育論叢』（第二七巻第二号、二〇一六年三月）
「〈青年〉の成立――明治二〇年代初頭における〈青年〉と「学生」の相克」中等教育史研究会『中等教育史研究』（第二三号、二〇一六年四月）

ただし、一本の筋の通った博士論文・著書にするべく、削るべきところは削り、加えるべきことは加え、新たに発表された研究はできるだけ反映させていった。ゆえに本書では、元の論文だった頃の原型をあまり留めていない。

本書の完成までには、実に多くの方々にお世話になった。

特に、大学院での指導教員であり、博士論文の主査を務めていただいた小山静子先生には、感謝の言葉もない。これほど優しさと厳しさを兼ね備えた先生がこの世にいるものなのかと、なぜか一歩引いたところから考えてしまうのだが、間違いなく私の人生の恩師である。感謝の気持ちと同じくらい、これまでご迷惑とご心配をおかけしてしまったという申し訳なさがある。先生のご指導から得た教訓をもとに、これからの人生を歩んで行きたい。

小山研のみなさんには、ゼミ発表の場で多くのご指摘いただいた。学会発表以上に空気が張り詰めるゼミ発表では、とにかく鍛えられた。院生研究室の、これといって用事が無くてもふらっと立ち寄りたくなるような雰囲気が大好きだった。ありがとうございました。

博士論文の副査は、人間・環境学研究科の倉石一郎先生と、文学研究科の谷川穣先生にお引き受けいただいた。お忙しい中、非常に丁寧に読んでいただき、公聴会などで両先生から多くの建設的な意見を頂戴できた。そのおかげで、出版にあたっての手直しが非常にスムーズにできた。この場を借りてお礼申し上げます。

教育史フォーラム・京都でお世話になった先生方と先輩・同志のみなさま、特に辻本雅史先生と駒込武先生には、厳しくも暖かいアドバイスをいただいた。また、教育史学会と中等教育史研究会では貴重な研究成果に触れることができ、良い刺激になった。

近畿大学の冨岡勝先生には、博士論文提出直前に私が泣きつき、お忙しい中にもかかわらず時間をとっていただいた。これが、タイムリミットぎりぎりで序章と終章を書き下ろすことができるきっかけとなった。これからもお世話になりますが、どうぞよろしくお願いいたします。

岡和田常忠先生には、偶然に偶然が重なって二〇一二年に直接お会いすることができ、同年の学会発表にまで足を運んでいただいた。その後も、京都で何度かお食事を共にさせていただき、ご自宅にも二度までもおじゃますることとなった。特に、一九六〇年代の大学について生々しく繰り返しお話しいただいたことは、岡義武や丸山眞男、清水幾太郎、久野収などを生身の人間として感じることができ、私の生涯の財産となった。本書を岡和田先生にお見せすることが、執筆終盤戦でのモチベーションとなっていた。

本書の参考文献は、実に幅広いジャンルにわたっている。教育史学に限らず、あらゆる分野で豊富な先行研究があったからこそ、私みたいな惰性の塊のような人間でも研究を続けられたのだろう。多くの先行研究に助けられ、研究とは孤独だがチームプレーでもあることに、あらためて気づかされた。教育史学・教育学・歴史学・社会学・メディア学・文学・政治学などの先達に、感謝したい。

また、近畿大学・京都女子大学・京都教育大学・滋賀大学で、私のアップテンポで内容盛りだくさんな授業（つまり楽ではない授業）を受けた学生のみなさんからは、授業中の反応や授業後の会話、日々の感想用紙や授業アンケートなどを通して、教壇に立つ喜びを与えられた。授業をするのが大好きな私にとって、これがどれほど嬉しいことで、これまで何度励まされてきたことだろう。特に、私にとっての大学デビュー授業である二〇一三年度後期近畿大学「教育の思想と歴史B」の受講生とは、不思議な一体感があった気がする。本書の表紙を飾っているすばらしい版画作品は、この授業を受講していた文芸学部の和田彩花さんに、完全オリジナルで制作してもらった。本書の大まかな内容を理解し、このようなすばらしい作品を制作してもらえたことが、とても嬉しい。

本書で用いた史料の多くは、各地の大学図書館に所蔵されていたものである。ただし、図書館で得たものは史料だけではなかった。二〇〇八年の夏から二年ほどは、自宅と図書館（または院生研究室）を往復するだけの日々が続いていた。この頃は、外出はするけど誰とも会話をしない日なんてざらにあった。図書館が私の「居場所」になっていた。ある日、京都大学教育学部図書室司書の福井京子さんに「博士論文、きっと書けるよ」と励まされた。とても嬉しかった。最終的には、この図書館生活時代に明治期の雑誌を大量に読み漁ったことが血となり肉となり、本書が完成した。図書館と司書の方々の存在がなければ、今の私と本書の存在はない。図書館でお世話になったすべての方々と、本書で用いた雑誌・図書をこれまで管理してこられたすべての方々に、この場を借りてお礼申し上げたい。

このように振り返ると、実に多くの方々のおかげで本書をまとめることができたのだと、つくづく思う。ただし、本書の記述内容すべてにおいての責任は、もちろん私にある。至らない点やご批判等あれば、忌憚なくお伝えいただきたい。また、本書の編集を快く受けていただいたミネルヴァ書房の東寿浩氏には、「とにかく長く読まれ続ける本にしたい」という私の願いを汲んでいただき、書籍化にあたっていくつかのアドバイスをいただいた。「学生の作品で表紙を飾りたい」といったお願いも受け入れてくれた。そのくせ私は、仕事の多忙を言い訳に原稿を二度も遅らせてしまい、ご迷惑をおかけした。

最後に、家族への感謝を記しておきたい。私が今まで研究を続けることができたのも、家族の理解と協力があってのことだった。博士学位の取得というのは、経験者以外にその制度や仕組みを説明することがとても難しい。私がいったい何をやっているのかわからないまま、ほんとうによく我慢してくれたと思う。

特に母は、幼少期の私を困難な家庭環境の中で必死に働き育ててくれ、自分にはまったく縁がなかった大学にまで入れてくれ、研究のことはさっぱりわからないながらも最後まで応援してくれた。いったいどんな恩返しをすればよいのかわからない。本当に感謝しています、ありがとう。

筆者記す

二〇一七年一月二日

《著者紹介》

和崎 光太郎（わさき・こうたろう）

1977年 島根県益田市生まれ
2012年 京都大学大学院人間・環境学研究科博士後期課程研究指導認定退学
2016年 京都大学博士（人間・環境学）
現 在 京都市学校歴史博物館学芸員
近畿大学・京都教育大学・滋賀大学非常勤講師
主 著 『地方教育行政法の改定と教育ガバナンス――教育委員会制度のあり方と「共同統治」』（共著）三学出版，2015年
『学びやタイムスリップ――近代京都の学校史・美術史』（共著）京都新聞出版センター，2016年

明治の〈青年〉
――立志・修養・煩悶――

2017年3月30日 初版第1刷発行 〈検印省略〉

定価はカバーに
表示しています

著 者 和 崎 光太郎
発行者 杉 田 啓 三
印刷者 坂 本 喜 杏

発行所 株式会社 ミネルヴァ書房
607-8494 京都市山科区日ノ岡堤谷町1
電話代表 (075)581-5191
振替口座 01020-0-8076

冨山房インターナショナル・新生製本

ISBN 978-4-623-07905-6
Printed in Japan

人名索引

さ　行

ま　行

や　行

ら・わ行

事項索引

あ　行

か　行

さ 行

た　行

な　行

は　行

ま　行

や・ら・わ行